PRÜFUNGSWISSEN

Betriebswirtschaftslehre Rechnungswesen

Josef Nerl • Antonia Garcia

STARK

Autoren

Josef Nerl erwarb nach seiner Ausbildung zum Bankkaufmann ein Diplom als Betriebswirt (FH) und absolvierte anschließend ein Lehramtsstudium für die Realschule in den Fächern Wirtschaftswissenschaften und Geographie (Zusatzexamen Deutsch und Sozialkunde). Er hat umfassende Unterrichtserfahrung im Fach Betriebswirtschaftslehre/Rechnungswesen und führte zahlreiche Schülergenerationen durch die Abschlussprüfung. Zudem war er viele Jahre als Konrektor in der Schulleitung einer Realschule in der Oberpfalz tätig.

Antonia Garcia absolvierte ein Lehramtsstudium für die Realschule in den Fächern Wirtschaftswissenschaften und Mathematik. Sie unterrichtet im Fach Betriebswirtschaftslehre/Rechnungswesen in allen Jahrgangsstufen und bereitete schon viele Abschlussklassen auf die Prüfung vor. Des Weiteren ist sie in einer Realschule in Oberbayern für die Betreuung der Referendare im wirtschaftswissenschaftlichen Bereich zuständig.

Bildnachweis

Umschlagbild: © Luis Castaneda Inc.

Kapitelauftaktseiten: Gabelstapler: © Dmitry Kalinovsky; Zug: © Ivan Kruk. Shutterstock; Zug von oben: © Tina Jeans. Shutterstock; Händeschütteln: © dotshock. Shutterstock; Prüfer im Lager: © Marcin Balcerzak. Shutterstock; Lagerregale: © SasinT. Shutterstock; Taschenrechner: © Lisa S.. Shutterstock; Frauenhände mit Stift: © Syda Productions. Shutterstock; Zahlen auf Papier: © FLariviere. Shutterstock; Arbeiter: © Levent Konuk. Shutterstock; Bulle und Bär: © Patrick Poendl. Shutterstock; Sparschwein: © michaeljung. Shutterstock

Inhalt

Vorwort

Liebe Schülerin, lieber Schüler,

mit diesem Buch **Prüfungswissen BwR** halten Sie die optimale Unterstützung für die Vorbereitung auf Unterricht, Schulaufgaben sowie die Abschlussprüfung in Händen.

Eine kompakte, klar strukturierte und übersichtliche Darstellung grundlegender Fakten ermöglicht Ihnen, **wichtige Wissensgebiete** und **Arbeitstechniken** rasch zu **wiederholen** und evtl. vorhandene Kenntnislücken zu schließen. Die **Konzentration auf wesentliche, prüfungsrelevante Stoffgebiete** erleichtert das effektive Lernen.

Dieser Band bietet Ihnen kompakte Informationen zu allen Bereichen des betriebswirtschaftlichen Rechnungswesens. Die Abläufe vom **Eröffnungs- zum Schlussbilanzkonto, die Einkaufs- und Verkaufskalkulation, der Kreditbereich, die Erfolgsermittlung und die Kosten- und Leistungsrechnung** sind nur einige Beispiele, mit denen Sie perfekt für die Prüfungen gewappnet sind.

Zahlreiche **Beispiele und Abbildungen** sorgen für Anschaulichkeit, außerdem finden Sie im Anhang einige wertwolle Hinweise und Beispiele zur Tabellenkalkulation sowie eine Zusammenfassung der wichtigsten Buchungen zu Beginn und Abschluss eines Geschäftsjahres.

Arbeiten Sie die einzelnen Kapitel systematisch und sorgfältig durch. Dann können Sie in der konkreten Prüfungssituation Aufgabenstellungen leichter klären, methodisch angemessene Lösungswege finden und stichhaltige Argumente sprachlich korrekt formulieren.

Für Ihre Prüfungsvorbereitung wünschen wir Ihnen viel Spaß und Erfolg!

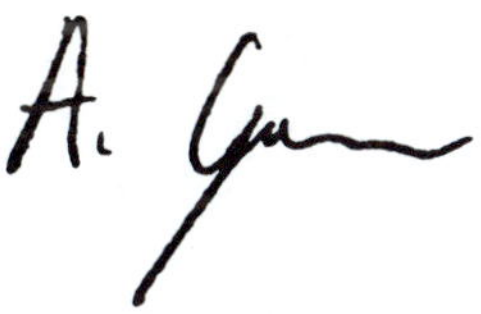

Antonia Garcia

Josef Nerl

Beispielfirma

Die Fa. i-Run e. K. hat ihren Fertigungsbetrieb in Laufen, einer Kleinstadt im Landkreis Berchtesgadener Land in Oberbayern.
Verkehrsmäßig ist Laufen über die B 20 angebunden, außerdem ist das nahe liegende Salzburg in Österreich gut erreichbar.
Das Hauptprodukt der Fa. i-Run sind Laufschuhe; mit der Herstellung qualitativ hochwertiger Speziallaufschuhe hat die Fa. i-Run eine Marktnische entdeckt, die Zahl der Kunden steigt ständig. Zur Sortimentserweiterung wird zusätzlich der Laufschuh Flexible produziert, um auch neue Käuferschichten anzusprechen.
Die Fa. i-Run bringt bezüglich ihrer wirtschaftlichen Tätigkeit ihr unternehmerisches Selbstverständnis in der Werbung so zum Ausdruck:

> „Wir verstehen uns als zukunftsorientiertes und verantwortungsbewusstes Unternehmen, in dem die ständige Entwicklung neuer, innovativer Produkte im Einklang mit der Rücksichtnahme auf unsere Umwelt vonstattengehen soll."

Diese Unternehmensphilosophie der Fa. i-Run bietet den Mitarbeitern Orientierung bei ihrem täglichen Handeln und vermittelt der Öffentlichkeit und den Geschäftspartnern, wofür das Unternehmen steht.

© Akhilesh Sharma – Fotolia

Jahrgangsstufe 7

1 Wirtschaftliches Handeln in privaten Haushalten

1.1 Familienhaushalt

Jede einzelne Person und jede Familie benötigt Geld, um ihr Leben finanzieren zu können. Diese Mittel bezeichnet man als **Einkommen**.

Lohn ist abhängig von der Arbeitsleistung in einem Monat, z. B. von der Stundenzahl, und kann jeden Monat variieren. **Gehalt** ist ein monatlich fester Betrag.

Einkommensquelle	Einkommensart
1. Einkommen aus nicht selbstständiger Arbeit	• Lohn für Arbeiter • Gehalt für Angestellte • usw.
2. Einkommen aus selbstständiger Arbeit	• Gewinn für Unternehmer • Honorar für z. B. Anwalt, Arzt • Gage für z. B. Künstler • usw.
3. Einkommen vom Staat	• Rente • Arbeitslosengeld • Kindergeld • Ausbildungsbeihilfe • usw.
4. Einkommen aus Vermögen	• Zinsen • Miete/Pacht • Dividende für Aktien • usw.

Steuern:
Lohnsteuer, Kirchensteuer, Solidaritätszuschlag
Sozialversicherungen:
Kranken-, Renten-, Arbeitslosen-, Pflegeversicherung

!

Das Einkommen einer Familie kann sich aus mehreren Bestandteilen zusammensetzen! Dabei muss aber berücksichtigt werden, dass vom sogenannten **Bruttoeinkommen** noch Steuern und Beiträge für die Sozialversicherungen abgezogen werden. Der Familie bleibt für ihren Lebensunterhalt das **Nettoeinkommen**.

Das Nettoeinkommen kann folgendermaßen verwendet werden:

Verwendung von Nettoeinkommen
- **Konsumausgaben**
  - für lebensnotwendige Ausgaben z. B. Lebensmittel
  - für nicht lebensnotwendige Ausgaben z. B. Schmuck
- **Sparen**

! Grundsätzlich muss immer darauf geachtet werden, dass das Einkommen größer ist als die Ausgaben! Zur besseren Planung kann hierbei ein sogenannter **Haushaltsplan** helfen, der Ausgaben und Einnahmen gegenüberstellt.

BEISPIEL

Herr Freiburger arbeitet als Angestellter im Büro des Unternehmens i-Run e. K. Er ist verheiratet und hat zwei Kinder (Lena, 2, und Maxi, 9 Jahre alt). Er erstellt folgenden Haushaltsplan:

Einnahmen		Ausgaben	
Gehalt Vater	3.475,00 €	**fixe Ausgaben**	
Gehalt Mutter	450,00 €	Warmmiete	1.130,00 €
Kindergeld	376,00 €	Strom	75,00 €
Zinsen	34,50 €	Rundfunkgebühren	17,98 €
		Versicherungen u. Ä.	175,00 €
		Telefongebühren	60,00 €
		variable Ausgaben	
		Lebensmittel	1.200,00 €
		Benzin, S-Bahn	230,00 €
		Kosmetik u. Ä.	90,00 €
		Kleidung, Schuhe u. Ä.	200,00 €
		Hobbys	170,00 €
		Taschengeld	5,00 €
		Sonstiges	50,00 €
Gesamteinnahmen	4.335,50 €	Gesamtausgaben	3.402,98 €
		Ersparnis	**932,52 €**

Fixe Ausgaben sind regelmäßige Ausgaben, die jeden Monat gleich hoch sind.

Variable Ausgaben fallen in unterschiedlicher Höhe an.

1.2 Unser Geld

In Deutschland wird seit dem 01. Januar 2002 mit dem Euro gezahlt. Allerdings hat unser Geld bis dahin viele Veränderungen durchlaufen.

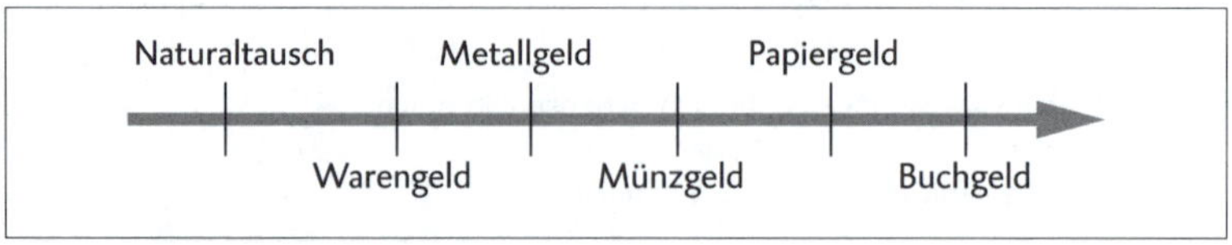

Naturaltausch: Ware wird gegen Ware getauscht (z. B. Felle gegen Getreide).

Warengeld: Nur noch bestimmte, nicht verderbliche Waren gelten als Tauschmittel (z. B. Muscheln, Salz).

Metallgeld: Metalle, z. B. in Barrenform gegossen, werden Zahlungsmittel (z. B. Kupfer, Silber, Gold).

Münzgeld: Metallstücke mit gleichem Gewicht werden z. B. mit Herrscherköpfen geprägt.

Papiergeld: Leicht transportierbare Banknoten entstehen zusätzlich zum Münzgeld.

Buchgeld (auch Giralgeld): Geld, das auf Bankkonten zur Verfügung steht, kann für Zahlungen genutzt werden.

Geld erfüllt im Wirtschaftsleben verschiedene Aufgaben:

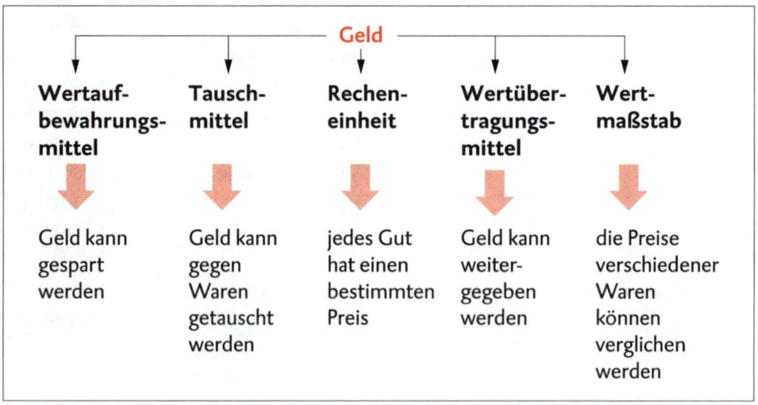

Der **Euro** ist bereits seit dem 01. Januar 1999 als europäische Währung in Kraft, d. h., seitdem wird er z. B. von Banken als Recheneinheit verwendet. Die Ausgabe von Scheinen und Münzen erfolgte allerdings erst ab dem 01. Januar 2002.

Einige Fakten zum Euro:

- Als Symbol wird das Zeichen „**€**" verwendet.
- Es gibt **sieben Scheine** (5 €, 10 €, 20 €, 50 €, 100 €, 200 €, 500 €), deren Gestaltung in allen Ländern gleich ist.
- Es gibt **acht Münzen** (1 Cent, 2 Cent, 5 Cent, 10 Cent, 20 Cent, 50 Cent und 1 €, 2 €), bei denen jedes Land die Rückseite selbst gestalten kann. Die Vorderseite ist in allen Ländern einheitlich.
- Die Euro-Banknoten sind mit zahlreichen Sicherheitsmerkmalen ausgestattet, wie z. B. spezielles Papier, Stichtiefdruck, Wasserzeichen, Sicherheitsfaden, Spezialfolienstreifen/Hologramm.
- Die Sicherheitsmerkmale werden ständig weiterentwickelt.

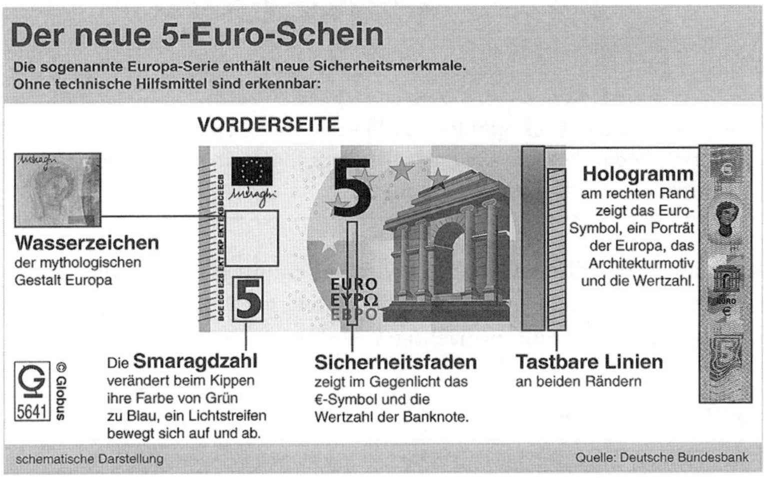

Quelle: picture-alliance/ dpa-infografik

1.3 Zahlungsverkehr

Unter Zahlungsverkehr versteht man, dass Geld hin und her bewegt wird. Dabei unterscheidet man grundsätzlich zwischen dem **bargeldlosen** Zahlungsverkehr und dem Zahlungsverkehr **in bar**.

- Bei der **Barzahlung** übergibt der Käufer Münzen oder Scheine an den Verkäufer. Um den rechtmäßigen Kauf später belegen zu können, sollte sich der Käufer stets eine **Quittung** ausstellen lassen.

BEISPIEL

Herr Freiburger kauft für seine Frau einen Blumenstrauß im Blumenladen Flora für 25,00 €.

Quittung Nr. ______

Betrag 25,00 € incl. MwSt 7 % Betrag 1,64 €

Betrag in Worten fünfundzwanzig

von Herbert Freiburger

an Blumenladen Flora

für Blumenstrauß

Datum 25.03.2015 Ort Blumenhausen

Stempel/Unterschrift

Blumenladen Flora
Blumenhausen

Liesel Flora

> Der Kassenzettel ist aus rechtlicher Sicht keine Quittung, da er keine Unterschrift des Verkäufers enthält. Allerdings wird er in der Regel bei Reklamationen als Kaufnachweis akzeptiert.

- Bei der **bargeldlosen Zahlung** wird der Zahlungsvorgang über Bankkonten durchgeführt. Dies kann in Form von z. B. Überweisung, Dauerauftrag oder Einzugsermächtigung erfolgen.

BEISPIEL – Überweisung

Frau Freiburger hat sich bei einem Versandhandel Kleidung im Wert von 245,90 € bestellt. Jetzt möchte sie diesen Betrag per Überweisung begleichen, d. h., sie beauftragt ihre Bank, den Betrag von ihrem Konto direkt auf das Konto des Versandhandels zu übertragen.

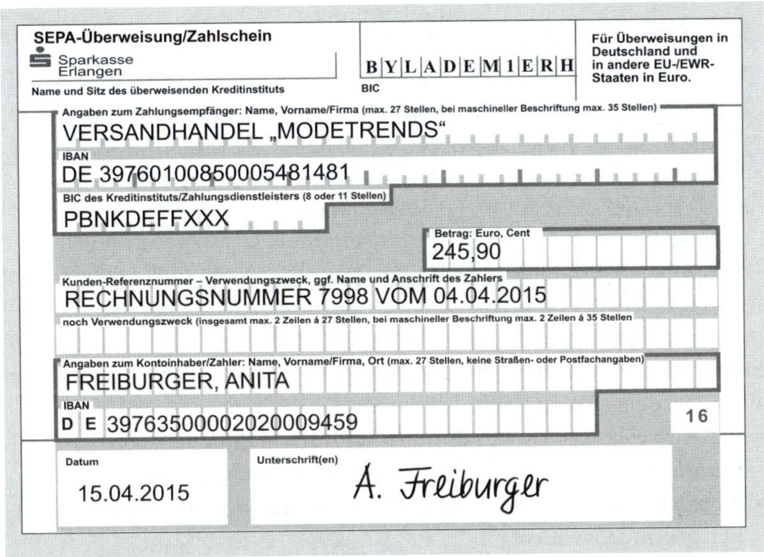
SEPA-Überweisung/Zahlschein

Sparkasse Erlangen

Name und Sitz des überweisenden Kreditinstituts

B Y L A D E M 1 E R H

BIC

Für Überweisungen in Deutschland und in andere EU-/EWR-Staaten in Euro.

Angaben zum Zahlungsempfänger: Name, Vorname/Firma (max. 27 Stellen, bei maschineller Beschriftung max. 35 Stellen)

VERSANDHANDEL „MODETRENDS“

IBAN

DE 39760100850005481481

BIC des Kreditinstituts/Zahlungsdienstleisters (8 oder 11 Stellen)

PBNKDEFFXXX

Betrag: Euro, Cent

245,90

Kunden-Referenznummer – Verwendungszweck, ggf. Name und Anschrift des Zahlers

RECHNUNGSNUMMER 7998 VOM 04.04.2015

noch Verwendungszweck (insgesamt max. 2 Zeilen á 27 Stellen, bei maschineller Beschriftung max. 2 Zeilen á 35 Stellen

Angaben zum Kontoinhaber/Zahler: Name, Vorname/Firma, Ort (max. 27 Stellen, keine Straßen- oder Postfachangaben)

FREIBURGER, ANITA

IBAN

D E 39763500002020009459

16

Datum

15.04.2015

Unterschrift(en)

A. Freiburger

SEPA:
Single Euro Payments Area
(= Einheitlicher Euro-Zahlungsverkehrsraum)

! Seit Februar 2014 hat das sogenannte **SEPA-Verfahren** den bis dahin gültigen Überweisungsvorgang abgelöst. Es werden nun **IBAN** und **BIC** statt Kontonummer und Bankleitzahl verwendet.
Damit soll erreicht werden, dass bargeldlose Zahlungen in Euro innerhalb Europas einheitlich abgewickelt werden!

IBAN:
International Bank Account Number
(= internationale Bankkontonummer)

BIC:
Bank Identifier Code
(= Bankkennzeichen)

BEISPIEL – Dauerauftrag

Herr Freiburger hat für seine beiden Kinder Sparbücher angelegt, auf die er monatlich jeweils 20,00 € als Ersparnis einzahlen möchte. Damit er diese Einzahlungen nicht vergisst, beauftragt er seine Bank, diesen Vorgang jeden Monat automatisch vorzunehmen.

→ Hierbei spricht man von einem **Dauerauftrag**. Der Betrag wird dabei regelmäßig und in gleicher Höhe übertragen.

Weitere mögliche Beispiele: Miete, Taschengeld, Mitgliedsbeiträge, Abonnements usw.

Seit Februar 2014 wird dieses Verfahren offiziell als SEPA-Basislastschrift bezeichnet.

BEISPIEL – Einzugsermächtigung

Die Familie Freiburger muss monatlich ihre Telefongebühren begleichen. Dieser Betrag kann je nach Inanspruchnahme unterschiedlich ausfallen. Trotzdem soll die Summe automatisch vom Konto abgebucht werden.

→ Hierbei spricht man von einer **Einzugsermächtigung**. Der Betrag wird dabei regelmäßig und in unterschiedlicher Höhe oder auch einmalig übertragen.

Weitere mögliche Beispiele: Strom-/Gasrechnung usw.

Eine wichtige Rolle bei der Abwicklung bargeldloser Zahlungen spielen auch die sogenannten Zahlungskarten:

- **EC-Karte:** kostenlos; Bezahlung mit PIN (persönliche Identifikationsnummer) oder Unterschrift; Betrag wird sofort abgebucht.
- **Kreditkarte:** meist kostenpflichtig; Beträge werden einmal monatlich gesamt abgebucht.
- **Geldkarte:** Betrag wird von einer vorher auf die Karte geladenen Summe abgebucht.

Immer häufiger wird im Zahlungsverkehr Online-Banking genutzt. Dabei können Bankgeschäfte wie Überweisungen, Daueraufträge, Wertpapiergeschäfte und vieles mehr zu jeder Tageszeit von jedem beliebigen Computer aus abgewickelt werden.

! Beim Online-Banking muss besonders auf die Sicherheit geachtet werden (z. B. Schutz vor Computerviren).

1.4 Prozentrechnung

Die Prozentrechnung ist eines der zentralen Themen der Mathematik, das auch im alltäglichen Leben eine entscheidende Rolle spielt. So verspricht die Werbung „20 % Rabatt auf alles“ oder „50 % weniger Fett – nur in dieser Schokolade“. Auch die Nachrichten berichten von einer Regenwahrscheinlichkeit von über 80 % oder einem Wahlsieg mit mehr als 60 % der Stimmen.
Bei der Anwendung der Prozentrechnung müssen immer drei Größen unterschieden werden.

BEISPIEL

Herr Freiburger kauft sich ein Fahrrad, das ursprünglich 280,00 € gekostet hätte, für nun 224,00 €. Dies sind 80 % des ursprünglichen Preises.

280,00 €	224,00 €	80 %
Grundwert (GW)	**Prozentwert (PW)**	**Prozentsatz (p)**
Das ist der Ausgangswert, der immer 100 % darstellt.	Das ist der Anteil vom ursprünglichen Grundwert in €.	Das ist der Anteil vom ursprünglichen Grundwert in %.

Jede dieser drei Größen kann berechnet werden:

BEISPIEL – Prozentwert

Frau Freiburger verdient 450,00 € im Monat. 15 % davon benötigt sie jedoch für ihr S-Bahn-Ticket.

Wie teuer ist es? → Gesucht ist der **Prozentwert**.

$100\,\% \mathrel{\hat{=}} 450{,}00\,€$

$15\,\% \mathrel{\hat{=}} x\,€$

$$x = \frac{450{,}00 \cdot 15}{100} = \underline{\underline{67{,}50\ (€)}}$$

Gleiche Einheiten immer auf die gleiche Seite schreiben!

BEISPIEL – Grundwert

Familie Freiburger war für 20,40 € im Kino. Das sind 12 % des Betrages, den sie für Hobbys eingeplant haben.

Wie hoch ist der Gesamtbetrag? → Gesucht ist der **Grundwert**.

$100\,\% \mathrel{\hat{=}} x\,€$

$12\,\% \mathrel{\hat{=}} 20{,}40\,€$

$$x = \frac{20{,}40 \cdot 100}{12} = \underline{\underline{170{,}00\ (€)}}$$

BEISPIEL – Prozentsatz

Ein Fernseher kostet im Weihnachtsangebot statt ursprünglich 740,00 € nun nur noch 555,00 €.

Wie viel Prozent entspricht das? → Gesucht ist der **Prozentsatz.**

$100\,\% \mathrel{\hat{=}} 740{,}00\,€$

$x\,\% \mathrel{\hat{=}} 555{,}00\,€$

$$x = \frac{555{,}00 \cdot 100}{740{,}00} = \underline{\underline{75\ (\%)}}$$

! Die sich diagonal gegenüberliegenden Größen werden immer multipliziert! Die übrige Größe wird dann dividiert!

„Bequeme Prozentsätze“ erleichtern das Rechnen:

25 % von 480,00 € = x €

→ $25\,\% = \frac{25}{100} = \frac{1}{\mathbf{4}}$

→ 480,00 : **4** = 120,00 (€)

$5\,\% = \frac{5}{100} = \frac{1}{20}$ → Teiler 20	$20\,\% = \frac{20}{100} = \frac{1}{5}$ → Teiler 5
$10\,\% = \frac{10}{100} = \frac{1}{10}$ → Teiler 10	$33\frac{1}{3}\,\% = \frac{33\frac{1}{3}}{100} = \frac{1}{3}$ → Teiler 3
$12{,}5\,\% = \frac{12{,}5}{100} = \frac{1}{8}$ → Teiler 8	$50\,\% = \frac{50}{100} = \frac{1}{2}$ → Teiler 2
$16\frac{2}{3}\,\% = \frac{16\frac{2}{3}}{100} = \frac{1}{6}$ → Teiler 6	
usw.	

1.5 Belege auswerten

Auch Privatpersonen erhalten im Alltag viele Belege.

Für alle Einkäufe, Verkäufe usw. in einem Unternehmen werden sogenannte **Belege** ausgestellt. Dies können Rechnungen, Quittungen, Kontoauszüge, aber auch Lohn- und Gehaltslisten sein. Sie werden überprüft, gesammelt und geordnet. Dann müssen sie mindestens **10 Jahre aufbewahrt** werden.

Ein Beleg enthält stets zahlreiche wichtige Informationen:

Natur- und Kunststoffe Frank Merk e. K. 1

Kunststoffe Naturstoffe

Natur- und Kunststoffe Frank Merk e. K. • 90408 Nürnberg

Fa. i-Run e. K. 2
Rennsteig 12
1234 Laufen

Registergericht Nürnberg HRA 439742
10 USt-IdNr. DE 034485765
E-Mail: Natur-und-Kunststoffe@F.Merk.de
Tel.: 09187 9999457-0
Fax: 09187 9999457-10

Rechnung

Ihr Auftrag vom: 15.01.2015

Datum: 15.01.2015 11
Rechnungsnummer: 7/15 (bei Zahlungen bitte angeben!)
Kundennummer: 1744

Pos	Menge	Art-Nr.	Artikel	Einzelpreis (€)	Gesamtpreis (€)
1	250 m	23	Naturstoff „Spezial" 3	5,45	1.362,50
2	120 m	11	Kunstfaserstoff „Nylon X3"	9,80	1.176,00
					2.538,50
			– Rabatt 10 % 4		253,85
					2.284,65
			+ Verpackung		27,00
			= Nettogesamtbetrag 5		2.311,65
			+ Umsatzsteuer 19 % 6		439,21
			= Rechnungsbetrag 7		**2.750,86**

Zahlung innerhalb von 60 Tagen rein netto
Bei Zahlung innerhalb von 10 Tagen gewähren wir 2 % Skonto. 8
Die gelieferte Ware bleibt bis zur vollständigen Bezahlung unser Eigentum. 9

1 Firmenname/Logo des Verkäufers (e. K. = eingetragener Kaufmann)
2 Name und Anschrift des Kunden
3 Art der Ware mit Einzel- und Gesamtpreis
4 **Rabatt:** Preisnachlass auf den eigentlichen Verkaufspreis, z. B. wegen Kundentreue
5 Summe in Euro ohne Umsatzsteuer (= **netto**)
6 Umsatzsteuer: fällt bei fast allen Lieferungen und Leistungen an, die ein Unternehmen im Inland tätigt (**Regelsatz 19 %, ermäßigter Satz 7 %**)
7 Summe in Euro mit Umsatzsteuer (= **brutto**)
8 **Zahlungsbedingung:**
- Der Kunde kann innerhalb von 60 Tagen den vollen Betrag ohne Abzüge zahlen (= **rein netto**) oder
- er zahlt innerhalb von 10 Tagen und darf für diese schnelle Bezahlung 2 % abziehen (= **Skonto**).

9 Solange die Ware nicht bezahlt ist, gehört sie dem Verkäufer. Das nennt man **Eigentumsvorbehalt.**
10 **Umsatzsteueridentifikationsnummer:** benötigt ein Unternehmen für Geschäfte innerhalb Europas
11 **Rechnungsdatum:** Datum, an dem die Rechnung erstellt wurde

1.6 Schaubilder auswerten

Schaubilder, die häufig auch als Infografiken bezeichnet werden, sind im Alltag überall zu finden. So wollen beispielsweise Zeitungen, Nachrichtensendungen, aber auch Unternehmen Daten besonders anschaulich darstellen.

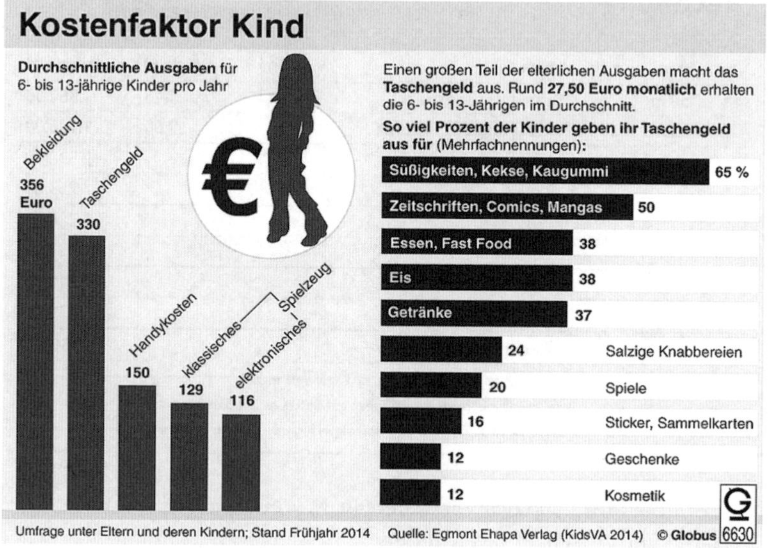

Quelle: picture-alliance/ dpa-infografik

Vorgehensweise beim Auswerten:

1. **Um was geht es in der Grafik?**
   → Das lässt sich oft schon aus der Überschrift oder aus eventuellen Teilüberschriften ableiten.
   Hier: Es geht um den „Kostenfaktor Kind".
2. **Welche besonders wichtigen Informationen enthält das Schaubild?**
   → Dabei kommt es darauf an, ob bestimmte Fragen zu der Grafik beantwortet werden müssen. Ansonsten können auch Hervorhebungen wie Fettdruck oder eine bestimmte Reihenfolge auf besonders wichtige Angaben hindeuten.
   Hier: Das Schaubild zeigt, wofür die Eltern Geld für ihr Kind ausgeben, wie hoch das durchschnittliche Taschengeld der 6- bis 13-Jährigen ist und wofür sie es verwenden.

3. Was ist die zentrale Aussage des Schaubildes?

→ Dabei kann auf besonders hohe/niedrige Zahlenwerte oder auch wieder auf Hervorhebungen geachtet werden. Mehrere sehr wichtige Aussagen sind möglich.

Hier: Der größte Kostenfaktor ist die Bekleidung gefolgt vom Taschengeld. Letzteres geben Kinder am häufigsten für Süßigkeiten und Ähnliches aus.

! Schaubilder können verschiedene Diagrammarten enthalten.

Liniendiagramm

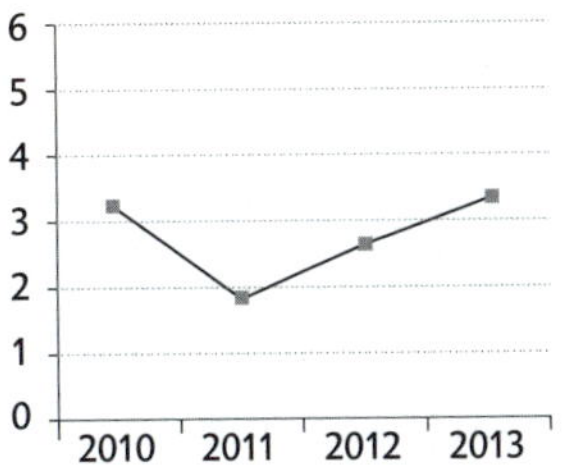

Das Liniendiagramm zeigt eine bestimmte Entwicklung mit An- und Abstiegen in einem zeitlichen Ablauf.

Säulendiagramm

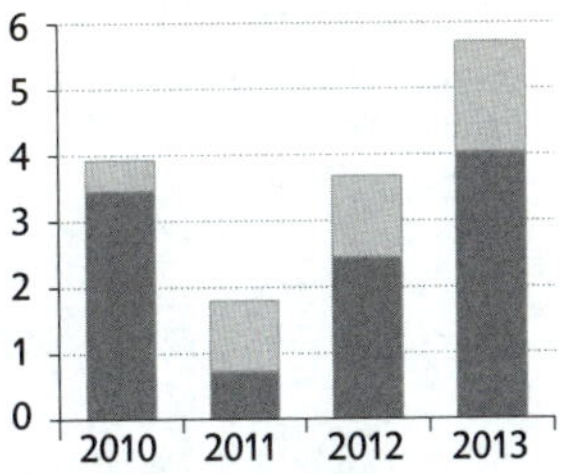

Das Säulendiagramm beschreibt meistens, wie sich Daten über einen bestimmten Zeitraum verändert haben, oder stellt einen einfachen Zahlenvergleich dar.

Balkendiagramm

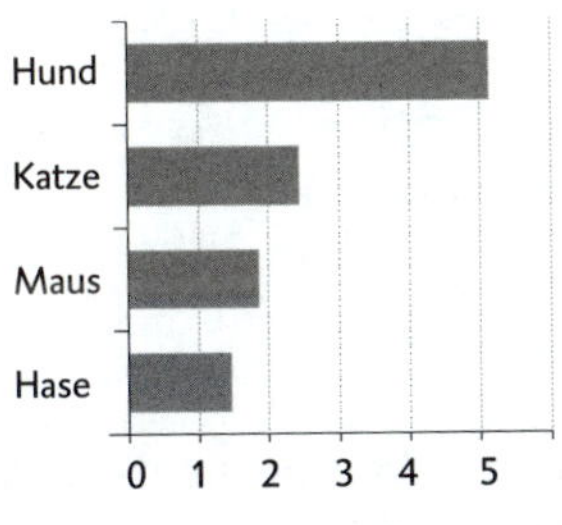

Das Balkendiagramm stellt die Rangfolge bestimmter Dinge dar.

Kreisdiagramm

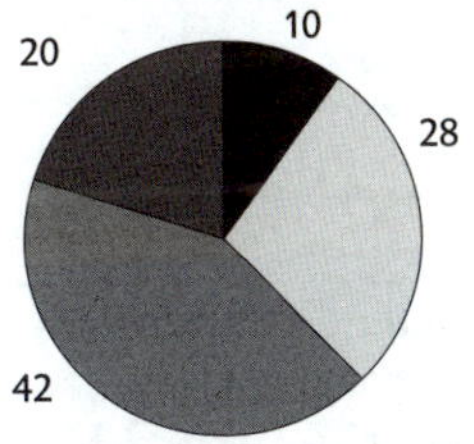

Das Kreisdiagramm stellt die Verteilung bestimmter Anteile am Ganzen (meist in %) dar.

2 Wirtschaftliches Handeln in Unternehmen

2.1 Aufbau und Wandel der Wirtschaftsstruktur

Sektor = Bereich

Der Aufbau der Wirtschaft eines Landes wird klassischerweise in drei Sektoren eingeteilt:

1. Primärer Sektor: Landwirtschaft, Forstwirtschaft, Fischerei
2. Sekundärer Sektor: Industrie, Handwerk, Baugewerbe
3. Tertiärer Bereich: Handel, Dienstleistungen

→ Die Aufteilung der Erwerbstätigen auf diese drei Bereiche hat sich in den letzten Jahrzehnten stark verändert:

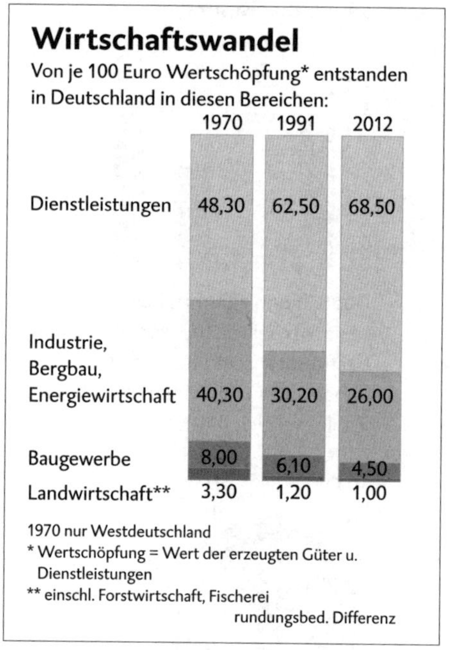

Daten nach: Statistisches Bundesamt

In jedem Wirtschaftszweig gibt es zahlreiche Unternehmen. Sie können nach der Art ihrer Leistung unterschieden werden:

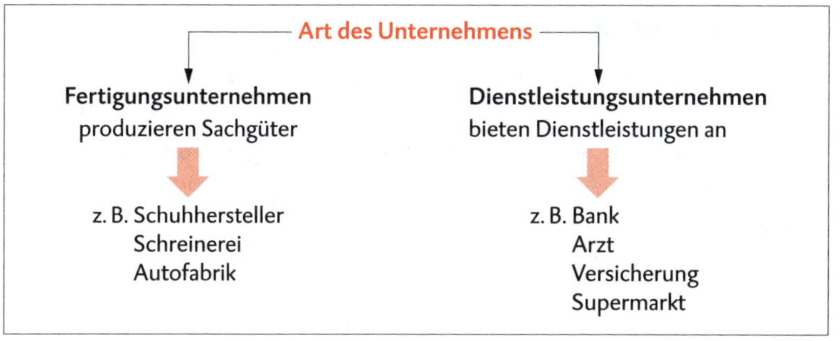

2.2 Standortwahl

Der unternehmerische Erfolg hängt oft auch davon ab, **wo** sich ein Unternehmen niederlässt. Bei der **Standortwahl** kommt es auf verschiedene Bedingungen, die sogenannten **Standortfaktoren**, an.

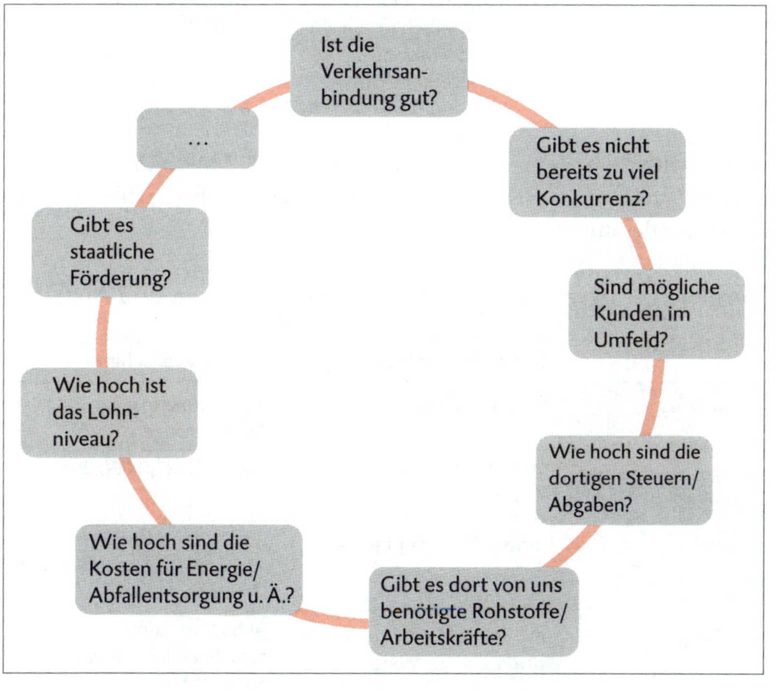

2.3 Rechtsformen

Haftung = Einstehen müssen für Schulden

Bei der Gründung eines Unternehmens muss die Rechtsform festgelegt werden. Diese hängt unter anderem davon ab, wer zukünftig Entscheidungen treffen darf, wie hoch das vorhandene Eigenkapital ist und wer im Fall einer Überschuldung haften muss.
Daraus ergeben sich u. a. folgende mögliche Rechtsformen:

Es gibt noch weitere Rechtsformen!

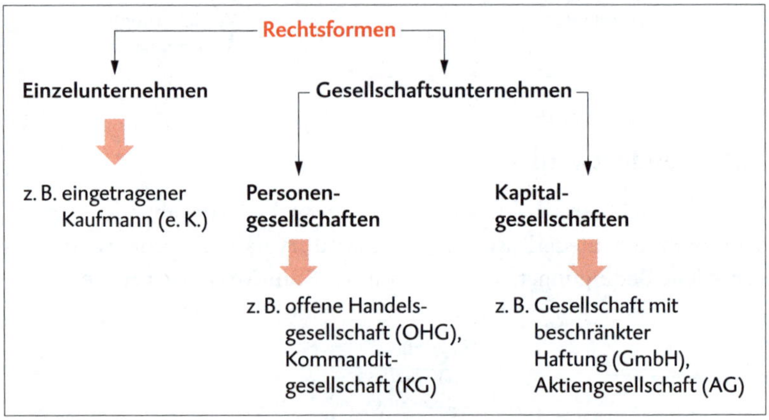

→ In Deutschland gab es im Jahr 2012 über 3,7 Mio. Unternehmen. Davon waren mehr als 2,3 Mio. Einzelunternehmen (Quelle: Statistisches Bundesamt).

Vergleich einiger Aspekte von Einzelunternehmen und AGs:

	Einzelunternehmen	Aktiengesellschaft
Gründung	formlos, unkompliziert	hohe formale Anforderungen
vorgeschriebenes Startkapital	keine Vorschriften	mindestens 50.000,00 €
Gewinn	erhält alleine der Inhaber	wird an die Aktionäre ausgeschüttet oder bleibt im Unternehmen
Haftung	Inhaber haftet mit Betriebs- **und** Privatvermögen	Aktionäre haften ausschließlich mit ihrem Aktienanteil

! Im Gegensatz zu Aktiengesellschaften müssen sich Einzelunternehmen nicht automatisch ins sogenannte **Handelsregister** eintragen lassen!

Das Handelsregister wird vom zuständigen Amtsgericht geführt und nimmt Informationen zu Firma, Sitz, Rechtsform, Unternehmenszweck, Grundkapital und vielem mehr auf. Da es öffentlich und somit von jedem einsehbar ist, kann die Eintragung Seriosität vermitteln.

Firma = Name des Unternehmens

2.4 Aufbau und Aufgaben eines Unternehmens

Ein Fertigungsunternehmen lässt sich üblicherweise in folgende Bereiche und ihre jeweiligen Aufgabenfelder gliedern:

! Die Hauptaufgabe eines Fertigungsunternehmens ist stets die Güterproduktion mit dem Ziel, Gewinn zu erwirtschaften!

2.5 Betriebliche Produktionsfaktoren

Jedes Unternehmen benötigt zur Herstellung seiner Produkte verschiedene Güter und Leistungen. Diese betrieblichen Produktionsfaktoren lassen sich in vier Bereiche unterteilen:

Die Beispiele beziehen sich auf die Herstellung von Spezialaufschuhen im Unternehmen i-Run.

Werkstoffe	alle Materialien innerhalb der Produktion • **Rohstoffe:** Hauptbestandteil, wird verarbeitet, z. B. Kunstfaserstoffe, Gummi • **Hilfsstoffe:** Nebenbestandteil, wird verarbeitet, z. B. Nähgarn, Kleber • **Fremdbauteile:** Hauptbestandteil, wird eingesetzt, z. B. Schnürsenkel, Schnellschnürsysteme • **Betriebsstoffe:** kein Bestandteil, wird aber verbraucht, z. B. Öl, Benzin, Gas, Wasser, Strom
Betriebsmittel	alle zur Produktion notwendigen Güter, die langfristig im Betrieb bleiben z. B. Grundstücke, Gebäude, Maschinen, Fuhrpark, Büroausstattung usw.
Arbeitskraft	sowohl geistige als auch körperliche Arbeit zur Produktherstellung
Leitung	ergänzt die anderen Produktionsfaktoren durch Planung, Organisation, Kontrolle usw.

2.6 Kundenorientierung

Jedes Fertigungsunternehmen muss seine Produkte an Kunden verkaufen, um wirtschaftlich erfolgreich zu sein. Damit sich ein möglicher Kunde für unser Unternehmen entscheidet, muss auf dessen Wünsche, Bedürfnisse und Erwartungen eingegangen werden.

Mögliche Aspekte dieser **Kundenorientierung** können sein:
- persönliche Beratung
- individuell abgestimmte Produkte
- Kundenbefragungen
- hohe Qualität und Zuverlässigkeit
- qualifizierte Mitarbeiter
- usw.

2.7 Umweltschutz

Das Streben nach immer höheren Umsätzen und Gewinnen weltweit führt unter anderem zu einer stark ansteigenden Belastung für unsere Umwelt. Da diese auch Grundlage der Wirtschaftlichkeit ist, weil sie beispielsweise Rohstoffe liefert, ist es eine wichtige Aufgabe der Unternehmen, sie zu schützen.

Dazu können verschiedene Maßnahmen ergriffen werden:
- Einsatz energiesparenderer Maschinen und Produktionsverfahren
- Verwendung wiederverwertbarer Verpackungen
- Abfallrecycling
- Mülltrennung
- Einsatz erneuerbarer Energien
- Verwendung nachwachsender Rohstoffe
- Einbau von Schadstoff-Filtern
- usw.

Recycling:
Wiederverwertung von Abfallprodukten

! Den Hauptteil der Kosten für Umweltschutz muss ein Unternehmer selbst tragen. Allerdings kann er sein Engagement in diesem Bereich beispielsweise auch als **Werbemittel** nutzen.

2.8 Aufgaben und Ziele des betrieblichen Rechnungswesens

Im betrieblichen Rechnungswesen werden sämtliche mengen- und wertmäßigen Daten **erfasst**, **ausgewertet** und **kontrolliert**.

Diese Aufgabe lässt sich in vier Bereiche einteilen:

Bereich	Aufgaben
Geschäftsbuchhaltung	• Aufzeichnung aller Geschäftsfälle • Darstellung der Vermögens- und Schuldenwerte • Ermittlung des Unternehmenserfolges • usw.
Kosten- und Leistungsrechnung	• Erfassung aller anfallender Kosten • Überprüfung der Wirtschaftlichkeit • usw.
Planung	• Vergleich von geplanten und erreichten Daten • Rückschlüsse für zukünftige Entwicklungen • Entwicklung von Prognosen • usw.
Statistik	• Verarbeitung des Zahlenmaterials zu Kennzahlen, Tabellen, Grafiken • usw.

Geschäftsfall:
jeder Vorgang, der die Vermögenssituation in einem Unternehmen verändert (z. B. Kauf, Verkauf)

Mit den Informationen aus dem betrieblichen Rechnungswesen versucht die Unternehmensleitung, ein erfolgreiches Wirtschaften zu sichern und notwendige Verbesserung vorzunehmen!

2.9 Zusammenwirken von privaten Haushalten und Unternehmen

Private Haushalte und Unternehmen sind in vielen Bereichen des täglichen Lebens (z. B. Kauf von Gütern) miteinander verbunden. Eine weitere wichtige Rolle spielt der Staat.

Das Zusammenspiel dieser drei Gruppierungen lässt sich im sogenannten **Wirtschaftskreislauf** darstellen:

Subventionen: staatliche Hilfsleistungen für Unternehmen

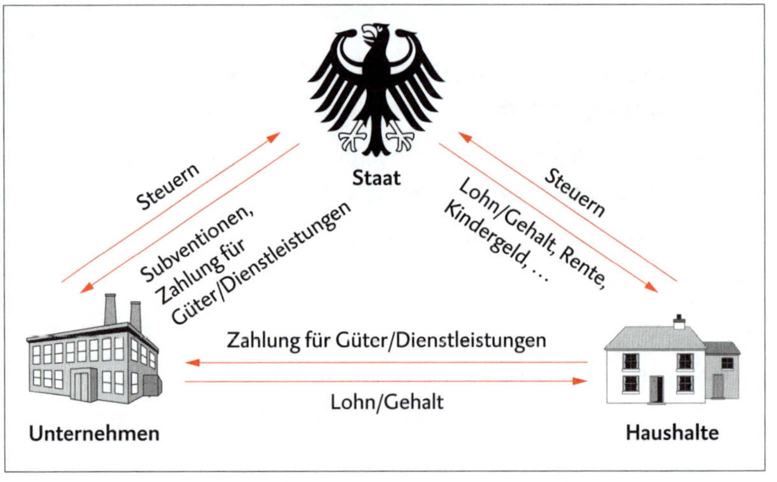

In dieser Darstellung werden üblicherweise nur „Geldströme“, keine „Güterströme“, verwendet.

3 Erfassen wirtschaftlicher Vorgänge im Unternehmen

3.1 Inventur, Inventar, Bilanz

Bei der Gründung eines Unternehmens und am Ende eines jeden Geschäftsjahres muss ein Kaufmann seine Vermögens- und Schuldensituation angeben. Dies erfolgt in folgenden Schritten:

vgl. §§ 240, 242 HGB

1. Inventur … ist die mengen- und wertmäßige Ermittlung aller Vermögenswerte und Schulden des Unternehmens. Dies erfolgt durch Messen, Wiegen und Zählen, aber auch Stichproben/Schätzungen sind teilweise erlaubt.

2. Inventar … ist das Ergebnis der Inventur. In diesem Bestandsverzeichnis werden wiederum Vermögensgegenstände und Schulden in einer sinnvollen Reihenfolge mengen- und wertmäßig erfasst. Zusätzlich wird als Differenz von Vermögen und Schulden das Reinvermögen ermittelt.

3. Bilanz … ist eine Darstellung des Inventars in T-Kontenform. Gleichartige Posten werden dabei zusammengefasst und deren Wert jeweils in Euro, aber ohne Mengenangabe angegeben.

BEISPIEL

Am Ende des letzten Geschäftsjahres (31. Dezember 2014) hat i-Run eine Inventur durchgeführt. Daraus ist folgendes Inventar hervorgegangen:

Inventar zum 31. Dezember 2014 (Unternehmen i-Run e. K.)

A. Vermögen	€	€	**Gliederung nach**
I. Anlagevermögen			
1. Bebaute Grundstücke		148.000,00	… der **Anlage-**
2. Betriebs- u. Verwaltungsgebäude		312.000,00	**dauer** (langfristig
3. Maschinen lt. Verz.		880.000,00	genutzte vor kurz-
4. Fuhrpark			fristig genutzten
Lkw M – IR 01	45.000,00		Dingen)
Lkw M – IR 02	58.000,00	103.000,00	
5. Büromaschinen lt. Verz.		17.000,00	
6. Büroausstattung lt. Verz.		73.000,00	
II. Umlaufvermögen			… der **Liquidität**
1. Vorräte lt. Verz.		191.000,00	(zuerst Dinge die
2. Forderungen an Kunden lt. Verz.		140.000,00	schwieriger zu
3. Bankguthaben		109.000,00	Bargeld zu machen
4. Kassenbestand		4.800,00	sind als andere)
		1.977.800,00	

Anlagevermögen enthält alle langfristig im Unternehmen genutzten Posten.

Umlaufvermögen enthält alle nur kurzfristig im Unternehmen verbleibenden Dinge.

Langfristige Schulden müssen in über einem Jahr zurückgezahlt werden.

Kurzfristige Schulden müssen in höchstens einem Jahr zurückgezahlt werden.

B. Schulden (= Fremdkapital)			… der **Fälligkeit** (zuerst Schulden, die erst später zurückgezahlt werden müssen)
I. Langfristige Schulden			
1. Langfristige Bankverbindlichkeiten			
Darlehen Hausbank	475.000,00		
Darlehen Kreditbank	282.500,00	757.500,00	
II. Kurzfristige Schulden			
1. Kurzfristige Bankverbindlichkeiten		123.000,00	
2. Verbindlichkeiten gegenüber Lieferanten lt. Verz.		297.000,00	
		1.177.500,00	

C. Ermittlung des Reinvermögens		€
Summe des Vermögens		1.977.800,00
– Summe der Schulden		1.177.500,00
= Reinvermögen (= **Eigenkapital**)		**800.300,00**

Aus dem Inventar wird nun die Bilanz erstellt:

Bilanz zum 31. Dezember 2014 (in €)

Aktiva		Passiva	
I. Anlagevermögen		**I. Eigenkapital**	800.300,00
1. Bebaute Grundstücke	148.000,00		
2. Betriebs- u. Verwaltungsgebäude	312.000,00	**II. Fremdkapital**	
		1. Langfristige Bankverb.	757.500,00
3. Maschinen	880.000,00	2. Kurzfristige Bankverb.	123.000,00
4. Fuhrpark	103.000,00	3. Verbindlichkeiten gegenüber Lieferanten	297.000,00
5. Büromaschinen	17.000,00		
6. Büroausstattung	73.000,00		
II. Umlaufvermögen			
1. Vorräte	191.000,00		
2. Forderungen an Kunden	140.000,00		
3. Bankguthaben	109.000,00		
4. Kassenbestand	4.800,00		
	1.977.800,00		1.977.800,00

Die linke Bilanzseite (= Aktivseite/Aktiva) zeigt die Verwendung des Kapitals, während die rechte Bilanzseite (= Passivseite/Passiva) die Quellen dieses Kapitals beinhaltet.

! → Beide Seiten der Bilanz müssen immer den gleichen Gesamtwert ergeben (= **Bilanzgleichung**)!

Bei der Buchführung müssen immer die sogenannten **Grundsätze ordnungsmäßiger Buchführung (GoB)** eingehalten werden!
Dies sind geschriebene und ungeschriebene Regeln, wie z. B.:

- Die Buchführung muss klar, verständlich und übersichtlich sein.
- Es dürfen keine Eintragungen mit Bleistift vorgenommen werden.
- Es darf keine Buchung ohne Beleg geben.
- Alle Geschäftsfälle müssen vollständig, richtig und fortlaufend aufgezeichnet werden.
- usw.

3.2 Aktive und passive Bestandskonten

Im Laufe eines Geschäftsjahres fallen zahlreiche Geschäftsfälle (Käufe, Verkäufe, Gehaltszahlungen usw.) an. Jeder davon ändert die am Jahresanfang erstellte Bilanz.

BEISPIEL

Geschäftsfall (GF) 1: Bareinzahlung auf das Bankkonto (500,00 €) → BK auf der Aktivseite nimmt zu KA auf der Aktivseite nimmt ab → **Aktivtausch** (Bilanzsumme bleibt gleich)	Geschäftsfall (GF) 2: Aufnahme eines langfristigen Kredits, um einen kurzfristigen ablösen zu können (20.000,00 €) → LBKV auf der Passivseite nimmt zu KBKV auf der Passivseite nimmt ab → **Passivtausch** (Bilanzsumme bleibt gleich)
Geschäftsfall (GF) 3: Kauf einer Computeranlage auf Ziel (5.000,00 €) → BM auf der Aktivseite nimmt zu VE auf der Passivseite nimmt zu → **Aktiv-Passiv-Mehrung** (Bilanzsumme nimmt zu)	Geschäftsfall (GF) 4: Bezahlung der Computeranlage per Banküberweisung (5.000,00 €) → BK auf der Aktivseite nimmt ab VE auf der Passivseite nimmt ab → **Aktiv-Passiv-Minderung** (Bilanzsumme nimmt ab)

Die Bedeutung der Abkürzungen KA, BK usw. findet man im Kontenrahmen.

„auf Ziel“:
Die Ware wird geliefert, aber erst später bezahlt.

Da es sehr umständlich und unübersichtlich wäre, bei jedem Geschäftsfall die gesamte Bilanz neu zu erstellen, wird die Bilanz zu Beginn des Geschäftsjahres in einzelne Konten zerlegt. Bei diesen Konten heißt die linke Seite immer **Soll** und die rechte Seite **Haben**.

aktive Bestandskonten	passive Bestandskonten
Jeder Posten der Aktivseite der Bilanz erhält ein eigenes T-Konto. Die Bestände aus der Bilanz stehen auf der Soll-Seite.	Jeder Posten der Passivseite der Bilanz erhält ein eigenes T-Konto. Die Bestände aus der Bilanz stehen auf der Haben-Seite.

Die Bestände aus der Bilanz werden als **Anfangsbestände (AB)** bezeichnet.

S	BGR		H
AB	148.000,00		

S	EK		H
		AB	800.300,00

S	BK		H
AB	109.000,00		(GF 4) 5.000,00
	(GF 1) 500,00		

S	LBKV		H
		AB	757.500,00
			(GF 2) 20.000,00

Aktive Bestandskonten:

- **Zunahmen im Soll**
- **Abnahmen im Haben**

Passive Bestandskonten:

- **Zunahmen im Haben**
- **Abnahmen im Soll**

3.3 Buchung von Geschäftsfällen

Jeder Geschäftsfall muss in mindestens zwei Konten erfasst (= gebucht) werden.

BEISPIEL – einfacher Buchungssatz

Geschäftsfall 1: Kauf eines Lieferwagens auf Ziel, 45.000,00 €

- Zunächst sollten stets **vier Fragen** gestellt werden:

1. Welche Konten sind von dem Geschäftsfall betroffen?	FP	VE
2. Handelt es sich dabei um Aktiv- oder Passivkonten?	A	P
3. Nimmt das jeweilige Konto zu oder ab?	+	+
4. Auf welcher Seite des Kontos ist zu buchen?	S	H

- Daraus kann als Hilfsschritt nun eine sogenannte **Vorkontierung/ Buchungsanweisung** erstellt werden:

Nr.	Datum	Soll	Haben	Betrag
1	08.01.	FP	VE	45.000,00 €

- Abschließend wird nun der **Buchungssatz** erstellt:
  FP an VE 45.000,00 €

Werden nur zwei Konten benötigt, spricht man von einem „**einfachen Buchungssatz**"!

> Um das **System der doppelten Buchführung** einzuhalten, müssen sowohl bei der Vorkontierung als auch beim Erstellen eines Buchungssatzes bestimmte Regeln beachtet werden:
> - Die Sollbuchung steht immer zuerst (Soll an Haben)!
> - Soll- und Habenbuchung haben den gleichen Wert!
> - Zwischen die Kontenabkürzungen wird „an" eingefügt!
> - Keine Buchung ohne Gegenbuchung!

Sind bei einem Geschäftsfall mehr als zwei Konten betroffen, so spricht man von einem „**zusammengesetzten Buchungssatz**".

BEISPIEL – zusammengesetzter Buchungssatz

Geschäftsfall 2: Die Fa. i-Run begleicht eine Rechnung ihres Lieferers; 800,00 € per Banküberweisung und 180,00 € per Barzahlung.

- **vier Fragen**:

1. Welche Konten sind von dem Geschäftsfall betroffen?	VE	BK	KA
2. Handelt es sich dabei um Aktiv- oder Passivkonten?	P	A	A
3. Nimmt das jeweilige Konto zu oder ab?	–	–	–
4. Auf welcher Seite des Kontos ist zu buchen?	S	H	H

- Buchungssatz:

VE	980,00 €	an	BK	800,00 €
			KA	180,00 €

Beim zusammengesetzten Buchungssatz kann es eine oder mehrere Soll- und eine oder mehrere Habenbuchungen geben!

> Die Summe aller Sollbuchungen muss der Summe aller Habenbuchungen entsprechen!

Neben der Erstellung des Buchungssatzes muss der Geschäftsfall auch immer in den T-Konten erfasst werden. Dabei wird auf dem entsprechenden Konto der dort zu buchende Betrag, das/die jeweilige/n Gegenkonto/-konten und die laufende Nummer des Geschäftsfalls eingetragen:

Die AB sind der Bilanz aus Jahrgangsstufe 7, Kapitel 3.1 entnommen!

S	VE		H
2. BK, KA	980,00	AB	297.000,00

S	BK		H
AB	109.000,00	2. VE	800,00

S	KA		H
AB	4.800,00	2. VE	180,00

! Beim sogenannten „**Buchungslesen**" wird die Vorgehensweise umgekehrt und aus einem bereits bestehenden Buchungssatz oder Konteneintrag muss ein eindeutiger Geschäftsfall formuliert werden!

3.4 Arbeiten mit Belegen

Nach dem Grundsatz ordnungsmäßiger Buchführung „Keine Buchung ohne Beleg!" muss es zu jedem Geschäftsfall ein Schriftstück als Beweis geben. Man unterscheidet:

Belege

Fremdbelege
bekommt i-Run von anderen Firmen und Behörden

z. B. Eingangsrechnung
Kontoauszug der Bank
Quittung
...

Eigenbelege
erstellt i-Run selbst im eigenen Unternehmen

z. B. Kopie einer Ausgangsrechnung
Materialentnahmeschein
Lohnlisten
...

In der Rechnungswesenabteilung von i-Run müssen alle Belege bearbeitet werden:

Überprüfung jedes Belegs → Sortieren der Belege → Vorkontierung der Belege (vgl. Kap. 3.3) → Buchung der Belege (vgl. Kap. 3.3)

Belege müssen **zehn Jahre** lang aufbewahrt werden!

3.5 Umsatzsteuer und Vorsteuer

Fast jede Rechnung beinhaltet neben dem reinen Warenwert (= **netto**) auch den Posten „**Umsatzsteuer**“. Sie wird vom Nettopreis berechnet und beträgt derzeit in der Regel 19 %. Zusammen ergeben Nettopreis und Umsatzsteuer den Rechnungsbetrag (= **brutto**).

BEISPIEL

Nettopreis	15.000,00 €	100,0 %
+ Umsatzsteuer	2.850,00 €	19 %
= Rechnungsbetrag	17.850,00 €	119 %

Nebenrechnung für die Umsatzsteuer:

100 % ≙ 15.000,00 €
19 % ≙ x €

vgl. Prozentrechnung: Jahrgangsstufe 7, Kapitel 1.4!

Laut Gesetz ist jeder Verkäufer verpflichtet, von seinem Kunden Umsatzsteuer zu verlangen und diese an den Staat weiterzuleiten.

Allerdings ist hinsichtlich der Benennung und Verbuchung der Steuer eine Unterscheidung notwendig:

VORST ist ein aktives, UST ein passives Bestandskonto!

Eingangsrechnung	**Ausgangsrechnung**
(Wir haben etwas gekauft und die Rechnung bekommen.)	(Wir haben etwas verkauft und die Rechnung verschickt.)
⬇	⬇
Vorsteuer (VORST)	**Umsatzsteuer (UST)**
da sie auf unsere **Vor**leistungen erhoben wird	da sie auf unsere **Umsätze** erhoben wird

BEISPIEL – Eingangsrechnung

Geschäftsfall: Kauf eines Büroschranks auf Ziel, 1.200,00 € netto.

BA	1.200,00 €			
VORST	228,00 €	an	VE	1.428,00 €

BEISPIEL – Ausgangsrechnung

Geschäftsfall: Verkauf eines gebrauchten Lkw, 24.000,00 € netto.

FO	28.560,00 €	an	FP	24.000,00 €
			UST	4.560,00 €

! In bestimmten Fällen können auch nur 7 % (z. B. Grundnahrungsmittel, Bücher, Zeitungen) oder sogar 0 % (z. B. Leistungen von Ärzten, Briefmarken, Umsätze von Banken) Umsatzsteuer anfallen!

4 Beschaffung und Einsatz von Werkstoffen

Die Hauptaufgabe eines Fertigungsunternehmens ist stets die Güterproduktion. Dafür müssen alle notwendigen Produktionsfaktoren bereitstehen, wozu auch die **Werkstoffe** (= Roh-, Hilfs-, Betriebsstoffe und Fremdbauteile) gehören.

Unterscheidung und Definition zu den Werkstoffen: Jahrgangsstufe 7, Kapitel 2.5!

4.1 Einkaufskalkulation

Das Ziel eines jeden Unternehmens ist es, **Gewinn** zu erwirtschaften. Dazu ist es unbedingt notwendig, beim Einkauf von Werkstoffen Angebote verschiedener Lieferer zu vergleichen, um so z. B. unnötige Kosten zu vermeiden. Man verwendet folgendes **Kalkulationsschema:**

Listeneinkaufspreis (LEP)	
– **Liefererrabatt** (LR)	= Preisnachlass, z. B. wegen großer Menge
= **Zieleinkaufspreis** (ZEP)	
– **Liefererskonto** (LS)	= Preisnachlass für frühzeitige Bezahlung
= **Bareinkaufspreis** (BEP)	
+ **Bezugskosten** (BZK)	= Kosten für z. B. Fracht, Verpackung
= **Bezugspreis/Einstandspreis** (BP/EP)	

Es wird immer mit **Netto**beträgen kalkuliert!

BEISPIEL

Der Lieferant „FixSystems GmbH" für Schnellschnürsysteme bietet i-Run 500 Stück zu folgenden Bedingungen an:
Listeneinkaufspreis je Stück 1,20 € netto, Rabatt 10 % ab 200 Stück Abnahmemenge, Skonto 2 % bei Zahlung innerhalb von 10 Tagen, Fracht und Verpackung 25,00 €

Zu welchem Preis könnte i-Run e. K. die 500 Stück beziehen?

Listeneinkaufspreis	600,00 €	100 %		(500 · 1,20 €)
– Liefererrabatt	60,00 €	10 %		((600,00 € : 100) · 10)
= Zieleinkaufspreis	540,00 €	90 %	100 %	
– Liefererskonto	10,80 €		2 %	((540,00 € : 100) · 2)
= Bareinkaufspreis	529,20 €		98 %	
+ Bezugskosten	25,00 €			
= Bezugspreis/Einstandspreis	554,20 €			

→ i-Run könnte die Schnürsysteme für insgesamt 554,20 € von „FixSystems GmbH" beziehen. Nun sollte dieses Angebot noch mit anderen verglichen werden.

Die Pfeile zeigen den Grundwert an, auf den sich die jeweilige Prozentrechnung bezieht.

4.2 Buchen des Werkstoffeinkaufs

Werkstoffe werden eingekauft, um sie anschließend in der Produktion zu verbrauchen. Dieser **Werteverzehr** wird als **Aufwand** bezeichnet, der schließlich das Eigenkapital mindert.
Aus Gründen der Übersichtlichkeit werden diese Geschäftsfälle aber auf Unterkonten des Kontos Eigenkapital erfasst:

bisher:		neu:	
Bestandskonten		**Erfolgskonten**	
Aktivkonten	**Passivkonten**	**Aufwandskonten**	**Ertragskonten**

Da Eigenkapitalminderungen im Konto Eigenkapital im Soll stehen, werden Aufwendungen auch im Soll gebucht:

S	Aufwandskonto H
Zunahme	**Abnahme**

! Erfolgskonten haben keinen Anfangsbestand!

BEISPIEL – Werkstoffeinkauf

Geschäftsfall: Eingangsrechnung für Kunstfaserstoff im Wert von 2.450,00 € netto.

AWR	2.450,00 €			
VORST	465,50 €	an	VE	2.915,50 €

BEISPIEL – Werkstoffeingang abzgl. Sofortrabatt

Geschäftsfall: Eingangsrechnung für Nähgarn über 385,00 € netto; Stammkunden-Rabatt 15 %.

Nebenrechnung:

LEP	385,00 €	100,0 %
– LR	57,75 €	15 %
= ZEP	327,25 €	85 %

AWH	327,25 €			
VORST	62,18 €	an	VE	389,43 €

> **!** Rabatte werden vom Listeneinkaufspreis abgezogen und nicht gebucht (= Sofortrabatte)!

Gründe für einen Sofortrabatt können sein:
- langjährige Geschäftsbeziehungen (= Treuerabatt)
- große Abnahmemenge (= Mengenrabatt)
- Weiterverkauf der Ware (= Wiederverkäuferrabatt)
- Jubiläum, Qualitätsmängel usw. (= Sonderrabatt)

BEISPIEL – Werkstoffeingang zzgl. Bezugskosten

Geschäftsfall: Eingangsrechnung für Schmieröl in Höhe von 190,00 € netto. Es fallen zusätzlich 15,00 € netto Frachtkosten an.

AWB	190,00 €			
BZKB	15,00 €			
VORST	38,95 €	an	VE	243,95 €

> **!** Bezugskosten werden immer auf dem zugehörigen Unterkonto erfasst! Die Vorsteuer muss vom Gesamtbetrag (Werkstoff + Bezugskosten) berechnet werden!

5 Verkauf von Fertigerzeugnissen

Gewinn = Umsatz – Kosten

Nach dem Einkauf aller Werkstoffe und der anschließenden Produktion müssen unsere Erzeugnisse verkauft werden, um Umsatz und damit auch Gewinn zu machen.

5.1 Unterschied zwischen Vorsteuer und Umsatzsteuer

Wie in Jahrgangsstufe 7, Kapitel 3.5 bereits beschrieben, muss zwischen der Vorsteuer im Einkauf und der Umsatzsteuer im Verkauf unterschieden werden. Aus Sicht des Unternehmers werden aber beide Posten nochmals miteinander verrechnet:

Einkauf

Vorsteuer (VORST)

→ Den Gesamtbetrag aller VORST-Positionen für alle unsere Einkäufe bekommen wir als Unternehmen vom Finanzamt zurück.

= Forderungen an das Finanzamt

Verkauf

Umsatzsteuer (UST)

→ Den Gesamtbetrag aller UST-Positionen für alle unsere Verkäufe überweisen wir an das Finanzamt weiter.

= Verbindlichkeiten gegenüber dem Finanzamt

Die Posten „Vorsteuer" und „Umsatzsteuer" dürfen miteinander verrechnet werden.

Summe aller erhaltener Umsatzsteuerbeträge
– Summer aller bezahlter Vorsteuerbeträge
= **Zahllast** gegenüber dem Finanzamt

! Nur der Endverbraucher muss die Steuer selbst tragen!

5.2 Buchen des Verkaufs von eigenen Erzeugnissen

Um das unternehmerische Ziel der Gewinnerzielung zu erreichen, müssen **Umsatzerlöse** erwirtschaftet werden, die größer sind als die entstandenen Aufwendungen. Diese Erlöse vermehren das Eigenkapital und werden aus Gründen der Übersichtlichkeit ebenso wie die Aufwendungen auf Unterkonten des Kontos Eigenkapital, den **Ertragskonten**, verbucht.

Da Eigenkapitalmehrungen im Konto Eigenkapital im Haben stehen, werden Umsatzerlöse auch im Haben gebucht:

S	Ertragskonto	H
Abnahme		**Zunahme**

BEISPIEL – Verkauf von Fertigerzeugnissen

Geschäftsfall: Ausgangsrechnung für 50 Paar Speziallaufschuhe im Gesamtwert von 7.017,50 € netto.

FO	8.350,83 €	an	**UEFE**	7.017,50 €
			UST	1.333,33 €

Merkhilfe:
Im Verkauf immer die beiden Konten mit „U" (UEFE und UST) zusammen auf einer Seite buchen!

BEISPIEL – Verkauf von Fertigerzeugnissen abzgl. Sofortrabatt

Geschäftsfall: Ausgangsrechnung für Speziallaufschuhe in Höhe von 5.870,00 € netto. Wir gewähren aufgrund unseres Firmenjubiläums 12 % Rabatt.

Nebenrechnung:

regulärer Verkaufspreis	5.870,00 €	100,0 %
– Rabatt	704,40 €	12 %
= verminderter Kaufpreis	5.165,60 €	88 %

FO	6.147,06 €	an	**UEFE**	5.165,60 €
			UST	981,46 €

! Rabatte werden auch im Verkauf sofort abgezogen und nicht gebucht (= **Sofortrabatte**)!

6 Grundlagen der Buchführung

6.1 Gewinn und Verlust

Am Ende eines jeden Geschäftsjahres muss festgestellt werden, ob erfolgreich gewirtschaftet wurde. Diese **Erfolgsermittlung** kann auf zwei Arten durchgeführt werden:

Erfolgsermittlung

… durch Erfolgsrechnung	… durch Kapitalvergleich
Summe aller Erträge	Eigenkapital am Ende des Jahres
– Summe aller Aufwendungen	– Eigenkapital am Anfang des Jahres
= positiver oder negativer Erfolg	= positiver oder negativer Erfolg

BEISPIEL – Erfolgsrechnung

Im ersten Geschäftsjahr fielen Aufwendungen in Höhe von 1.780.000,00 € an. Demgegenüber standen Erträge über 1.499.000,00 €.

Wie fiel der Erfolg des Geschäftsjahres aus?

Summe aller Erträge	1.499.000,00 €
– Summe aller Aufwendungen	1.780.000,00 €
= negativer Erfolg	–281.000,00 €

→ Ein negativer Erfolg wird als **Jahresfehlbetrag/Reinverlust** bezeichnet. Das Unternehmen muss versuchen, seine wirtschaftliche Lage zu verbessern.

BEISPIEL – Kapitalvergleich

Im zweiten Geschäftsjahr betrug der Schlussbestand des Eigenkapitals am 31. Dezember 3.800.000,00 €, während der Anfangsbestand am 01. Januar noch bei 3.365.000,00 € lag.

Wie ist der Erfolg dieses Geschäftsjahres zu bewerten?

Eigenkapital am Ende des Jahres	3.800.000,00 €
– Eigenkapital am Anfang des Jahres	3.365.000,00 €
= positiver Erfolg	435.000,00 €

→ Ein positiver Erfolg wird als **Jahresüberschuss/Reingewinn** bezeichnet. Das Unternehmen hat es geschafft, seine Situation gegenüber dem Vorjahr deutlich zu verbessern.

6.2 Übersicht über die Konten

Um Buchungssätze fehlerfrei erstellen zu können, ist es unerlässlich, die Eigenschaften der jeweils benötigten Konten zu kennen:

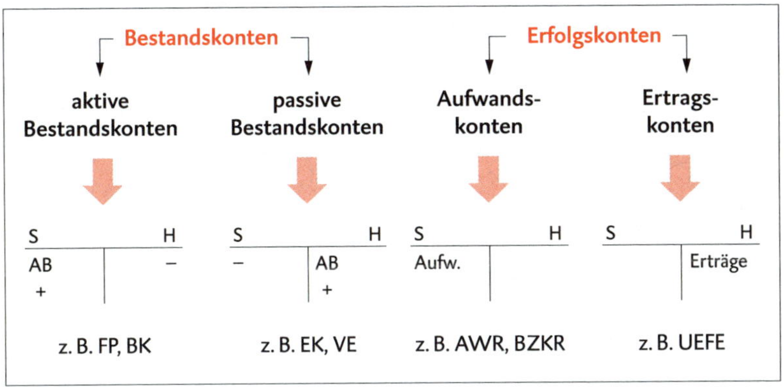

Jahrgangsstufe 8

1 Vom Eröffnungs- zum Schlussbilanzkonto

1.1 Eröffnungsbuchungen (Eröffnungsbilanzkonto)

Doppik = Prinzip der Gegenbuchung

Der Grundsatz der doppelten Buchführung, dass jeder Sollbuchung eine Habenbuchung gegenübersteht, wurde in der 7. Jahrgangsstufe bei der Kontoneröffnung nicht eingehalten. Um das Prinzip der Gegenbuchung zu erfüllen, wird nun das **Eröffnungsbilanzkonto (EBK)** eingeführt.

Eröffnungsbuchungen

Aktive Bestandskonten	Passive Bestandskonten
Buchung: Aktivkonto an EBK	Buchung: EBK an Passivkonto

BEISPIEL

Eröffnung der Konten Bank 150.000,00 € und Verbindlichkeiten 200.000,00 €.

BK	an	EBK	150.000,00 €
EBK	an	VE	200.000,00 €

! Das Eröffnungsbilanzkonto ist ein **Spiegelbild der Eröffnungsbilanz** und existiert nur als Hilfskonto.

1.2 Laufende Buchungen

Chronologische Aufzeichnung aller Geschäftsfälle

Unter laufenden Buchungen versteht man das Erfassen und Buchen der Geschäftsfälle **während** des Geschäftsjahres. Für jeden Geschäftsfall gibt es in der Praxis grundsätzlich einen Beleg. Die Erfassung der Geschäftsfälle muss **fortlaufend** und **lückenlos** sein, mittels Kontierung (= Buchungssatz) wird die Einbuchung in die Konten vorbereitet.

Vier Überlegungen zur Erstellung des Buchungssatzes (vgl. Jahrgangsstufe 7, Kapitel 3.3):
1. Welche Konten?
2. Welche Kontenart?
3. Minderung oder Mehrung?
4. Welche Kontenseite?

BEISPIEL

Eingangsrechnung über Rohleder, Warenwert netto 50.000,00 €, in Rechnung gestellte Frachtkosten 250,00 € netto.

AWR	50.000,00 €			
BZKR	250,00 €			
VORST	9.547,50 €	an	VE	59.797,50 €

1.3 Vorbereitende Abschlussbuchungen

Beim Abschluss der Konten am Jahresende muss eine bestimmte Reihenfolge eingehalten werden:

- Abschluss der Unterkonten auf das jeweilige Hauptkonto
- Abschluss der Erfolgskonten auf das GUV-Konto
- Abschluss des GUV-Kontos auf das EK-Konto
- Abschluss der Bestandskonten auf das SBK (Schlussbilanzkonto)

Die Abschlussbuchungen, die den eigentlichen Abschluss in den Hauptkonten vorbereiten (Abschluss der Unterkonten, z. B. BZKR, NR), nennt man **vorbereitende Abschlussbuchungen**. Diese Buchungen müssen vor dem Abschluss der Hauptkonten durchgeführt werden.

BEISPIEL

Abschluss des Kontos BZKR am Jahresende, Saldo 250,00 €.

AWR	an	BZKR	250,00 €

! Unterkonten werden aus Gründen der Übersichtlichkeit geführt, am Jahresende werden sie auf das entsprechende Hauptkonto abgeschlossen.

1.4 Abschluss der Erfolgskonten

Erfolgswirksame Geschäftsfälle in einem Unternehmen werden auf **Erfolgskonten** (z. B. UEFE, AWR) erfasst. Diese werden auf das Gewinn- und Verlustkonto (GUV) abgeschlossen.

Erfolgswirksame Geschäftsfälle sind Vorgänge, die den Unternehmenserfolg beeinflussen.

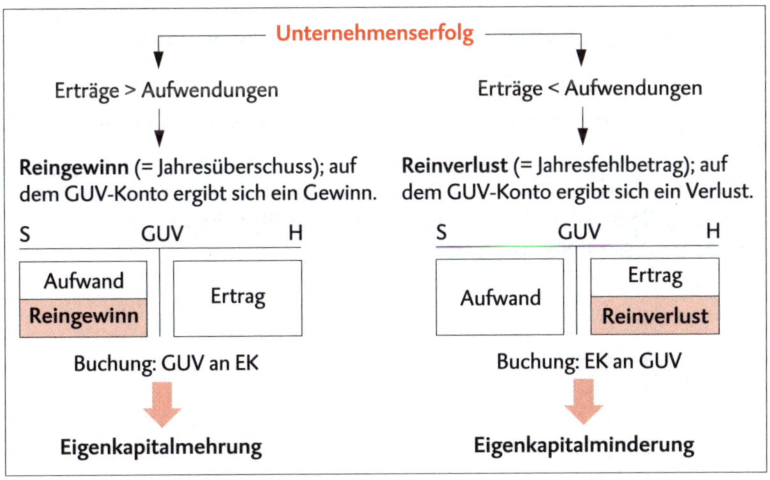

BEISPIEL

Die Erfolgskonten AWR, Saldo: 50.250,00 €, und UEFE, Saldo: 70.000,00 €, sind abzuschließen.

GUV	an	AWR	50.250,00 €
UEFE	an	GUV	70.000,00 €

1.5 Abschluss des Kontos GUV (Gewinn- und Verlustrechnung)

Der Unternehmenserfolg wird auf dem GUV-Konto dargestellt. Der Unternehmer ermittelt beim Abschluss des Kontos GUV, ob ein Gewinn oder Verlust erzielt wurde. Je nachdem, ob die Aufwendungen oder die Erträge überwiegen, hat das Unternehmen einen **Reingewinn** (Saldo auf der **Soll-Seite**) oder einen **Reinverlust** (Saldo auf der **Haben-Seite**) erzielt.

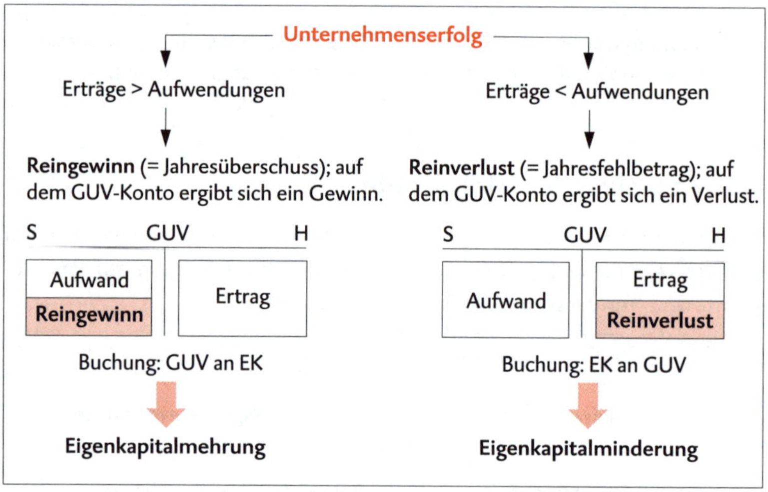

! Das GUV-Konto ist ein **Unterkonto des Kontos Eigenkapital** und wird deshalb auf dieses Konto abgeschlossen.

1.6 Abschluss der Bestandskonten

Die Bestandskonten werden über das Schlussbilanzkonto abgeschlossen. Im Soll werden die Schlussbestände der Aktivkonten und im Haben die Schlussbestände der Passivkonten gebucht.

Der Grundsatz der doppelten Buchführung wird mithilfe des SBK eingehalten.

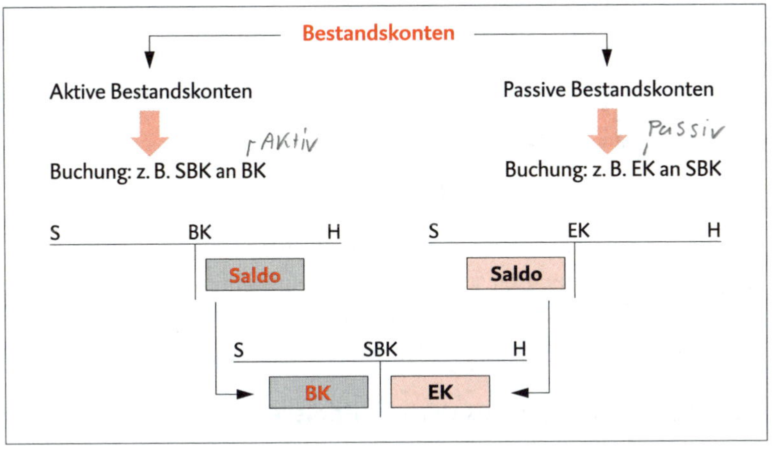

1.7 Die Schlussbilanz – Bilanz zum 31. 12.

Die Einhaltung der Grundsätze der doppelten – ordnungsmäßigen – Buchführung führt zu einer Übereinstimmung der **Sollbestände** des **Schlussbilanzkontos** (SBK) aus dem Buchungskreislauf und der **Istbestände** der **Schlussbilanz** (Bilanz 31. 12.) aus der Inventur.

Die Bilanz ist für Außenstehende eine wichtige Informationsquelle.

! Die Schlussbilanz des einen Jahres ergibt die Eröffnungsbilanz des darauffolgenden Jahres.

1.8 Das Konto Eigenkapital als „Nahtstelle" zwischen den Bestands- und Erfolgskonten

Der Jahresabschluss besteht aus Bilanz und GUV-Rechnung (§ 242 Absatz 3 HGB). Mit den Erfolgskonten als Unterkonten des Kontos Eigenkapital wird dem Grundsatz der Klarheit und Übersichtlichkeit (§ 243 Absatz 2 HGB) eindeutig Rechnung getragen.

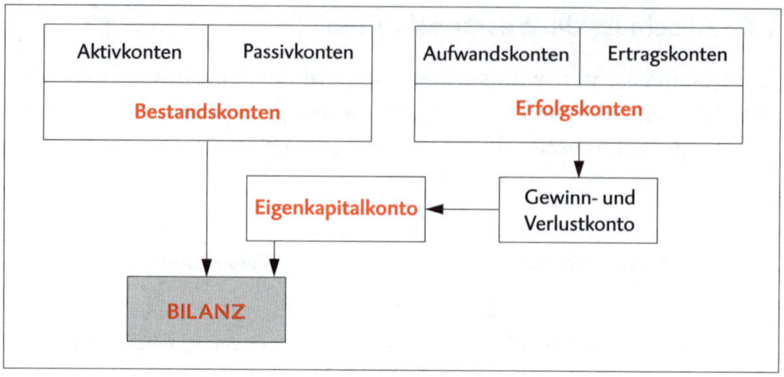

Das Konto Eigenkapital ist das zentrale Konto der Geschäftsbuchführung, da es mit seinen Unterkonten (= Erfolgskonten) eine Verbindung zwischen Erfolgsrechnung und Bestandsrechnung herstellt.

1.9 Bestimmungen aus dem Handelsrecht

Das HGB ist in fünf Bücher eingeteilt, diese sind in Abschnitte und Unterabschnitte gegliedert.

Das Handelsgesetzbuch (HGB) ist die zentrale Rechtsquelle für das Handelsrecht. Das Dritte Buch mit dem Thema Handelsbücher ist von wesentlicher Bedeutung für den Unterricht an der Realschule. Als Beispiele für Bestimmungen gelten die Inhalte zu folgenden Themen:
- Buchführung (§ 238, § 239)
- Inventar (§ 240)
- Eröffnungsbilanz (§ 242)
- Jahresabschluss (§ 242 – § 246)
- Bewertungsvorschriften (§ 252)
- Aufbewahrung und Vorlage u. a. (§ 257, § 261)

2 Aufbau und Gliederung des Industriekontenrahmens

2.1 Aufbau des Kontenrahmens

Jede Wirtschaftsbranche hat ihren eigenen Kontenrahmen entwickelt. Die Industriebetriebe nutzen den **I**ndustrie**k**onten**r**ahmen (IKR).

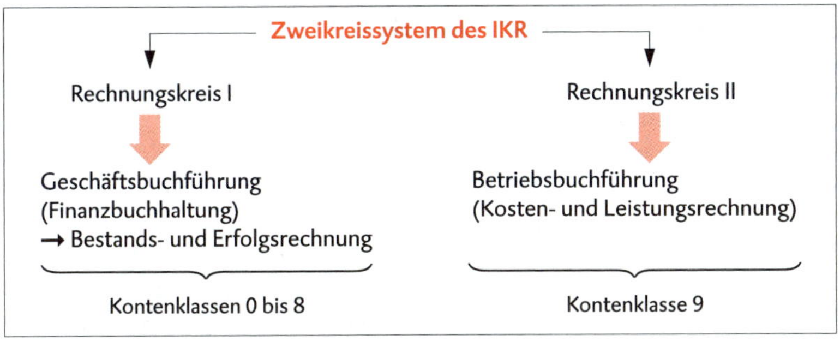

Der IKR weist insgesamt 10 Kontenklassen aus.

2.2 Das dekadische System

Der IKR ist nach dem **Zehnersystem** (dekadisches System, Dezimalklassensystem) aufgebaut und EDV-gerecht einsetzbar. Die Einteilung der Gesamtmenge der Konten erfolgt mithilfe der zehn Ziffern von 0 bis 9 in **10 Kontenklassen**.

Jede Kontenklasse wird wiederum in **10 Kontengruppen** gegliedert, jede Kontengruppe in **10 Kontenarten** unterteilt. Eine Kontenart kann schließlich bis zu **10 Konten** aufweisen.

Jede Kontonummer besteht aus 4 Ziffern.

2.3 Das Prinzip der Abschlussgliederung

Die einzelnen Konten sind den Kontenklassen inhaltlich nach dem Abschlussgliederungsprinzip zugeordnet.

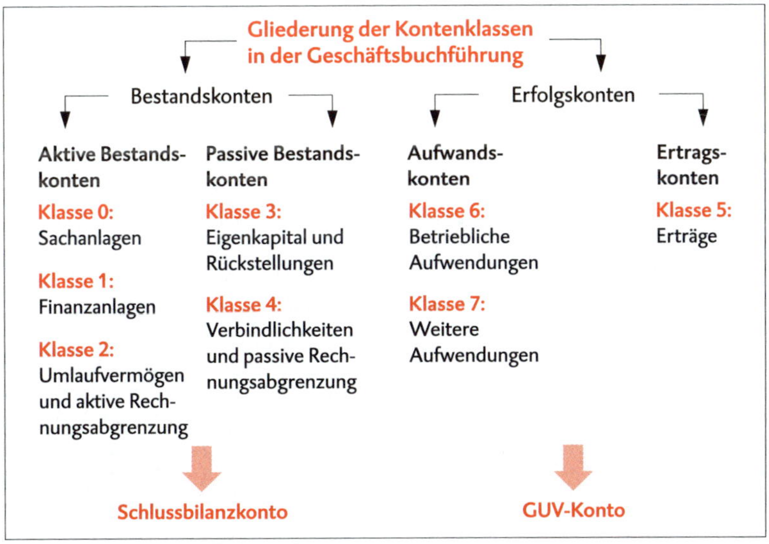

Die Gliederung entspricht den Vorschriften nach HGB § 266 und § 275.

2.4 Aufbau einer Kontonummer

Das nachfolgende Schaubild zeigt am Beispiel des Kontos 6021 BZKH, wie eine Kontonummer aufgebaut ist:

Konto-nummer	Ziffer	Einordnung	Beschreibung
6	1 Ziffer	Kontenklasse	→ Betriebliche Aufwendungen
60	2 Ziffern	Kontengruppe	→ Aufwendungen für Roh-, Hilfs-, Betriebsstoffe, Fremdbauteile und Handelswaren
602	3 Ziffern	Kontenart	→ Aufwendungen für Hilfsstoffe
6021	4 Ziffern	Konto	→ Bezugskosten für Hilfsstoffe

! Beim Erstellen der Buchungssätze sind immer die Kontennummern, die Kontennamen (abgekürzt möglich) und die Beträge anzugeben.

3 Beschaffung und Einsatz von Werkstoffen und Handelswaren

3.1 Die Einkaufskalkulation

Um trotz unterschiedlicher Liefer-, Rabatt- und Skontobedingungen Angebote miteinander vergleichen zu können, muss eine **Einkaufskalkulation** durchgeführt werden. Zur Ermittlung des Bezugspreises (Einstandspreises) wird folgendes **Kalkulationsschema** verwendet:

Weitere Beispiele zur Einkaufskalkulation: Jahrgangsstufe 7, Kapitel 4.1

Listeneinkaufspreis (LEP)	100 % = Grundwert für die Rabattberechnung
– Liefererrabatt (LR) 1	
Zieleinkaufspreis (ZEP)	100 % = Grundwert für die Skontoberechnung
– Liefererskonto (LS) 2	
Bareinkaufspreis (BEP)	
+ Bezugskosten (BZK) 3	
Bezugspreis (Einstandspreis) (BP/EP)	

1 **Rabatt** ist ein sofortiger Preisnachlass.
2 **Skonto** ist ein nachträglicher Preisnachlass bei Zahlung innerhalb einer bestimmten Frist.
3 **Bezugskosten** können als Fracht, Verpackungskosten, Rollgeld usw. anfallen.

BEISPIEL

Folgendes Angebot für den Kauf von 50 Laufbrillen Modell „Klarsicht" liegt der Fa. i-Run vor:
Listenpreis je Stück 225,00 €, Rabatt 30 %, Skonto 3 % bei Zahlung innerhalb von 10 Tagen, Fracht und Transportversicherung 111,25 €.
Zu welchem Preis je Stück können die Laufbrillen bezogen werden?

Listeneinkaufspreis		11.250,00 €	100 %		(225,00 · 50)
– Liefererrabatt	30 %	3.375,00 €	30 %		
Zieleinkaufspreis		7.875,00 €	70 %	100 %	
– Liefererskonto	3 %	236,25 €		3 %	
Bareinkaufspreis		7.638,75 €		97 %	
+ Bezugskosten		111,25 €			
Bezugspreis (Einstandspreis)		7.750,00 €			

7.750,00 : 50 = 155 (€ je Stück)

Die Laufbrillen können zum Stückpreis von 155,00 € bezogen werden.

Die Kalkulation muss für die gesamte Stückzahl durchgeführt werden, da die Bezugskosten die gesamte Stückzahl betreffen.

! Neben dem Preis spielen beim Angebotsvergleich weitere Aspekte eine wesentliche Rolle: Qualität des Produkts, Lieferzeit, Fimensitz des Lieferers und Zuverlässigkeit.

3.2 Der Einkauf von Werkstoffen und Handelswaren

Detaillierte Informationen zu den Werkstoffen: Jahrgangsstufe 7, Kapitel 2.5

Zur Fertigung seiner Produkte benötigt ein Industriebetrieb Werkstoffe:
- **Rohstoffe**
- **Hilfsstoffe**
- **Fremdbauteile**
- **Betriebsstoffe**

Handelswaren werden nicht selbst produziert, sondern von anderen Fertigungsbetrieben gekauft und den Kunden unverändert neben den selbst gefertigten Produkten angeboten, um das eigene Angebot zu erweitern.

Der Einkauf einschließlich der Sofortrabatte von Lieferern

Weitere Beispiele zur Buchung von Sofortrabatten und Bezugskosten: Jahrgangsstufe 7, Kapitel 4.2

Beim Einkauf von Werkstoffen und Handelswaren können Rabatte gewährt werden. Rabatte, die sofort gewährt werden, sogenannte **Sofortrabatte**, werden als Mengen-, Treue- oder Wiederverkäuferrabatte gegeben. Sie sind bereits auf der Eingangsrechnung ausgewiesen.

BEISPIEL

Eingangsrechnung für 50 Laufbrillen, Listeneinkaufspreis 11.250,00 €, Mengenrabatt 30 %.
Die Fa. i-Run verkauft diese Laufbrillen als Handelsware.

Der Mengenrabatt ist ein Sofortrabatt.

Listeneinkaufspreis		11.250,00 €
– Liefererrabatt	30 %	3.375,00 €
Zieleinkaufspreis		7.875,00 €

6080	AWHW	7.875,00 €				
2600	VORST	1.496,25 €	an	4400	VE	9.371,25 €

! **Sofortrabatte** stellen eine Minderung der Rechnungsbeträge dar und werden buchhalterisch nicht gesondert ausgewiesen, also **nicht gebucht**.

Die Bezugskosten beim Einkauf von Werkstoffen und Handelswaren

Beim Einkauf von Werkstoffen und Handelswaren fallen häufig Bezugskosten (z. B. Fracht, Verpackungskosten, Rollgeld, Transportversicherung, Zoll, Porto) an. Diese sogenannten Anschaffungsnebenkosten werden aus Gründen der Übersichtlichkeit auf speziellen **Bezugskostenkonten** (= Unterkonten) erfasst.

BEISPIEL

Die Frachtkosten und die Kosten der Transportversicherung für die gelieferten Laufbrillen betragen 111,25 € netto und werden i-Run in Rechnung gestellt.

6081	BZKHW	111,25 €				
2600	VORST	21,14 €	an	4400	VE	132,39 €

Die Bezugskosten erhöhen den Einstandspreis (Bezugspreis).

Im Rahmen der **vorbereitenden Abschlussbuchungen** am Jahresende wird das jeweilige **Unterkonto BZK** auf das betreffende Hauptkonto abgeschlossen.

BEISPIEL

Am Jahresende wird das Konto 6081 Bezugskosten abgeschlossen, Saldo 111,25 €.

Vorbereitende Abschlussbuchung:

6080	AWHW	an	6081	BZKHW	111,25 €

Die Rücksendungen an den Lieferer

Der Kunde hat die Möglichkeit, erhaltene Ware unter bestimmten Umständen (mangelhafte Ware, zu viel Ware, falsche Ware) an den Lieferer zurückzuschicken. Die Rücksendung von Werkstoffen bzw. Handelswaren (wegen mangelhafter Lieferung oder Falschlieferung) führt beim Käufer zu einer **Stornobuchung** auf dem entsprechenden Stoffeaufwandskonto, d. h., der ursprüngliche Buchungssatz wird umgekehrt.

BEISPIEL

Rücksendung eines schadhaften Schnellschnürsystems an den Lieferer, netto 50,00 €.

4400	VE	59,50 €	an	6010	AWF	50,00 €
				2600	VORST	9,50 €

Rücksendungen können die Werkstoffe bzw. Handelswaren sowie die Bezugskosten betreffen.

! Die Rücksendung bewirkt eine Gutschriftsanzeige des Lieferers.

Die nachträglichen Preisnachlässe von Lieferern

Folgende nachträgliche Preisnachlässe werden unterschieden:

1 Nachlässe aufgrund von Mängelrügen (Sachmängel)
2 Boni
3 Skonti

Diese nachträglich gewährten Preisnachlässe werden aus Gründen der Übersichtlichkeit auf speziellen **Nachlässekonten** (= Unterkonten) erfasst.

Nachträgliche Preisnachlässe vom Lieferer vermindern den Einstandspreis.

BEISPIEL – Mängelrüge

Ein Lieferer von Kunstfaserstoffen gewährt i-Run aufgrund einer Mängelrüge einen Preisnachlass von 10 %, die Rechnung beträgt netto 10.000,00 €.

10 % aus 10.000,00 € = 1.000,00 €

4400	VE	1.190 €	an	6002	NR	1.000,00 €
				2600	VORST	190,00 €

Bonus bedeutet Umsatzrückvergütung und ist von bestimmten Bedingungen abhängig, z. B. Mindestjahresumsatz des Käufers.

BEISPIEL – Bonus

Die Fa. i-Run erhält von einem Hilfsstofflieferer einen Bonus in Höhe von 952,00 € brutto.

:1,19

4400	VE	952,00 €	an	6022	NH	800,00 €
				2600	VORST	152,00 €

! Boni stellen einen Rabatt dar, im Gegensatz zu den Sofortrabatten werden sie **nachträglich** gewährt.

BEISPIEL – Skonto

Die Fa. i-Run begleicht eine Handelswarenrechnung über 9.371,25 € unter Abzug von 2 % Skonto per Banküberweisung.

Zur Verbuchung eines Rechnungsausgleichs unter Skontoabzug ist immer folgendes Schema erforderlich:

Rechnungsbetrag	9.371,25 €	100 %	:1,19	157,50 €	Nettoskonto
– 2 % Skonto	187,43 €	2 %			
Überweisungsbetrag	9.183,82 €	98 %		29,93 €	VORST

4400	VE	9.371,25€	an	2800	BK	9.183,82 €
				6082	NHW	157,50 €
				2600	VORST	29,93 €

Skonto ist ein nachträglicher Preisnachlass, der bei Bezahlung einer Rechnung innerhalb einer bestimmten Frist gewährt wird.

! Aufgrund der nachträglichen Preisnachlässe (Mängelrüge, Bonus, Skonto) werden sowohl die **Anschaffungskosten** (= Einstandspreis) der Werkstoffe und Handelswaren als auch die **Vorsteuer** vermindert.

Im Rahmen der vorbereitenden Abschlussbuchungen (VAB) wird das jeweilige Unterkonto „N" auf das betreffende Stoffeaufwandskonto (= Hauptkonto) abgeschlossen.

BEISPIEL

Am Jahresende wird das Konto 6082 NHW abgeschlossen, Saldo 157,50 €.

Vorbereitende Abschlussbuchung:

6082	NHW	an	6080	AWHW	157,50 €

4 Verkauf von Fertigerzeugnissen und Handelswaren

4.1 Angebotskalkulation bei Fertigerzeugnissen

Vorwärtskalkulation

Mit dem Verkaufserlös eines Produkts möchte ein Unternehmen nicht nur die Selbstkosten (Kosten für Werkstoffe, Löhne, Maschinen etc.) decken, sondern auch einen Gewinn erzielen. Bei der Festlegung des Verkaufspreises ist zudem zu berücksichtigen, dass die Kunden Preisnachlässe fordern. Zur Ermittlung des Listenverkaufspreises (= Angebotspreis = Nettoverkaufspreis) verwendet die Fa. i-Run folgendes **Kalkulationsschema:**

	Vorwärtskalkulation ↓
Selbstkosten	100 % = Grundwert für die Gewinnberechnung
+ Gewinn 1	von Hundert
Barverkaufspreis	kleiner 100 % (für Skontoberechnung)
+ Kundenskonto 2	**in Hundert**
Zielverkaufspreis	kleiner 100 % (für Rabattberechnung)
+ Kundenrabatt 2	**in Hundert**
Listenverkaufspreis netto	

1 Der Gewinnaufschlag beinhaltet Eigenkapitalverzinsung, Unternehmerlohn und Risikoprämie.
2 Kundenskonto und -rabatt werden in umgekehrter Reihenfolge zur Einkaufskalkulation in Hundert berechnet.

BEISPIEL

Die Fa. i-Run bietet einem Sporthaus 1 Paar Laufschuhe an, sie kalkuliert mit folgenden Bedingungen:
Selbstkostenpreis 160,00 €, Sonderrabatt 10 %, Skonto 2 % bei Zahlung innerhalb von 10 Tagen, Gewinnaufschlag 12,5 %.

Wie hoch ist der Listenverkaufspreis?

Selbstkostenpreis		160,00 €	100 %		
+ Gewinn	12,5 %	20,00 €	12,5 %		
Barverkaufspreis		180,00 €	112,5 %	98 %	
+ Kundenskonto	2 %	3,67 €		2 %	: 98 x 2
Zielverkaufspreis		183,67 €	90 %	100 %	
+ Kundenrabatt	10 %	20,41 €	10 %	: 90 x 10	
Listenverkaufspreis netto		**204,08 €**	100 %		

Rechnungsschema für die Ausgangsrechnung:

Listenpreis
– Rabatt
Rechnungsbetrag netto
+ Umsatzsteuer
Rechungsbetrag brutto

Rückwärtskalkulation

Die Rückwärtskalkulation ist dann anzuwenden, wenn aufgrund einer Markt- oder Konkurrenzsituation der Listenverkaufspreis vorgegeben (festgelegt) ist. Ziel ist es, zu ermitteln, wie hoch der Selbstkostenpreis sein darf, um den gewünschten Gewinn zu erzielen.

BEISPIEL

Aus Konkurrenzgründen darf in der Fa. i-Run der Listenverkaufspreis von 199,00 € für 1 Paar Laufschuhe nicht überschritten werden. Sie kalkuliert mit 20 % Gewinn, 3 % Kundenskonto und 5 % Kundenrabatt.

Wie hoch darf der Selbstkostenpreis sein?

Schema ↓ / Rückwärtskalkulation ↑

Selbstkostenpreis		152,82 €	100 %		
+ Gewinn	20 %	30,56 €	20 %		: 120 x 20
Barverkaufspreis		183,38 €	120 %	97 %	
+ Kundenskonto	3 %	5,67 €		3 %	: 100 x 3
Zielverkaufspreis		189,05 €	95 %	100 %	
+ Kundenrabatt	5 %	9,95 €	5 %		: 100 x 5
Listenverkaufspreis netto		199,00 €	100 %		

! Bei der Rückwärtskalkulation werden im Kalkulationsschema die Grundwerte im Vergleich zur Vorwärtskalkulation rechnerisch umgekehrt eingesetzt.

Differenzkalkulation

Stehen sowohl der Listenverkaufspreis als auch die Selbstkosten fest, kann der Unternehmer mithilfe der Differenzkalkulation ermitteln, ob er bei festgelegten Rabatt- und Skontobedingungen einen ausreichenden Gewinn erwirtschaftet. Gegebenenfalls können die Rabatt- und Skontobedingungen angepasst werden.

Es können auch andere Kalkulationsdaten mittels Differenzkalkulation berechnet werden (Kundenskonto, -rabatt).

BEISPIEL

Aus Marktgründen darf in der Fa. i-Run der Listenverkaufspreis von 190,00 € für 1 Paar Laufschuhe nicht überschritten werden. Die Fertigungskalkulationsabteilung hat einen Selbstkostenpreis von 145,90 € ermittelt.

Welcher Gewinn verbleibt der Fa. i-Run in Euro und Prozent, wenn sie ihren Kunden 5 % Kundenrabatt und 3 % Kundenskonto gewährt?

Schema

Selbstkostenpreis		145,90 €	↓	100 %	
+ **Gewinn**	x %	29,18 €	**Differenz**		
Barverkaufspreis		175,08 €	↑		97 % ↑
+ Kundenskonto	3 %	5,42 €			3 % (: 100 x 3)
Zielverkaufspreis		180,50 €		95 % ↑	100 %
+ Kundenrabatt	5 %	9,50 €		5 % (: 100 x 5)	
Listenverkaufspreis netto		190,00 €		100 %	

$$\text{Gewinn} = \frac{29{,}18 \cdot 100}{145{,}90} = \underline{\underline{20\ \%}}$$

Der Gewinn beträgt 20 %.

4.2 Kalkulation für Handelswaren

Gemeinkosten für Handelswaren

Handelswaren dienen zur Sortimentserweiterung und ermöglichen einen zusätzlichen Gewinn.

Beim Einkauf der Handelswaren fällt der Einstandspreis an. Zusätzliche Kosten im Bereich der Lagerung, der Verwaltung und im Vertrieb werden zusammengefasst und als Gemeinkosten für Handelswaren (GKHW) bezeichnet.

BEISPIEL

In der Fa. i-Run beträgt der Einstandspreis für eine Handelsware 375,00 €; die Gemeinkosten für Handelswaren werden hierfür mit 75,00 € angegeben.

Wie hoch sind der Selbstkostenpreis sowie der Prozentsatz für die GKHW?

Einstandspreis	375,00 €
+ Gemeinkosten für Handelswaren	75,00 €
Selbstkostenpreis	450,00 €

$$\text{GKHW} = \frac{75{,}00 \cdot 100}{375{,}00} = \underline{\underline{20\ \%}}$$

Die GKHW betragen 20 %.

Kalkulation der Handelswaren vom Listeneinkaufspreis zum Listenverkaufspreis (Vorwärtskalkulation)

Auch mit dem Verkauf von Handelswaren möchte die Firma i-Run Gewinn erwirtschaften. Da die Handelswaren von außen bezogen wurden, setzt sich die Handelswarenkalkulation aus **Einkaufskalkulation** und **Verkaufskalkulation** zusammen.

Die **Einkaufskalkulation** beginnt mit dem Listeneinkaufspreis und endet mit dem Bezugspreis.

Die **Verkaufskalkulation** beginnt mit dem Bezugspreis und endet mit dem Listenverkaufspreis.

BEISPIEL

Die Fa. i-Run bezieht Laufuhren als Handelsware zum Listeneinkaufspreis von 125,00 €; der Lieferer gewährt 20 % Rabatt und 2 % Skonto; an Bezugskosten fallen 12,00 € an.

Zu welchem Listenverkaufspreis kann einem Kunden eine Laufuhr (auf volle Euro aufrunden) angeboten werden, wenn folgende Kalkulationsdaten noch zu berücksichtigen sind:

Gemeinkosten für Handelswaren 12,5 %, Gewinn 25 %, Kundenskonto 3 %, Kundenrabatt 10 %?

Einkaufskalkulation	Listeneinkaufspreis		125,00 €	100 %		
	– Liefererrabatt	20 %	25,00 €	20 %		: 100 x 20
	Zieleinkaufspreis		100,00 €	80 %	100 %	
	– Liefererskonto	2 %	2,00 €		2 %	: 100 x 2
	Bareinkaufspreis		98,00 €		98 %	
	+ Bezugskosten		12,00 €			
Verkaufskalkulation	Bezugspreis		110,00 €	100 %		: 100 x 12,5
	+ GKHW	12,5 %	13,75 €	12,5 %		
	Selbstkostenpreis		123,75 €	112,5 %	100 %	
	+ Gewinn	25 %	30,94 €		25 %	: 100 x 25
	Barverkaufspreis		154,69 €	97 %	125 %	
	+ Kundenskonto	3 %	4,78 €	3 %		: 97 x 3
	Zielverkaufspreis		159,47 €	100 %	90 %	
	+ Kundenrabatt	10 %	17,72 €		10 %	: 90 x 10
	Listenverkaufspreis		177,19 €		100 %	

Dem Kunden kann eine Laufuhr zum Stückpreis von 178,00 € netto angeboten werden.

Rückwärtskalkulation bei Handelswaren

Im Rahmen der Rückwärtskalkulation wird ausgehend vom Listenverkaufspreis der Listeneinkaufspreis kalkuliert, zu dem die Handelsware höchstens eingekauft werden darf.

BEISPIEL

Die Fa. i-Run möchte an einen Sportmarkt Laufbrillen als Handelswaren liefern, wobei der Listenverkaufspreis mit 225,00 € pro Stück vorgegeben ist.

Wie hoch darf der Listeneinkaufspreis sein, wenn die Fa. i-Run mit folgenden Kalkulationsdaten rechnet:

Liefererrabatt	10 %	Gewinn	15 %	Kundenskonto	2 %
Liefererskonto	2,5 %	Bezugskosten	12,00 €	Kundenrabatt	20 %
GKHW	12,5 % ?				

Listeneinkaufspreis		141,71 €		100 %
– Liefererrabatt	10 %	14,17 €		10 % (: 90 x 10)
Zieleinkaufspreis		127,54 €	100 %	90 %
– Liefererskonto	2,5 %	3,19 €	2,5 % (: 97,5 x 2,5)	
Bareinkaufspreis		124,35 €	97,5 %	
+ Bezugskosten		12,00 €		
Bezugspreis		136,35 €		100 %
+ GKHW	12,5 %	17,04 €		12,5 % (: 112,5 x 12,5)
Selbstkostenpreis		153,39 €	100 %	112,5 %
+ Gewinn	15 %	23,01 €	15 % (: 115 x 15)	
Barverkaufspreis		176,40 €	115 %	98 %
+ Kundenskonto	2 %	3,60 €		2 % (: 100 x 2)
Zielverkaufspreis		180,00 €	80 %	100 %
+ Kundenrabatt	20 %	45,00 €	20 % (: 100 x 20)	
Listenverkaufspreis		225,00 €	100 %	

Aufgrund des vorgegebenen Listenverkaufspreises sowie der entsprechenden Kalkulationsdaten darf der Listeneinkaufspreis nicht höher sein als 141,71 €.

Differenzkalkulation bei Handelswaren

BEISPIEL

Die Fa. i-Run will Speziallaufuhren als Handelswaren anbieten. Der Listenverkaufspreis soll 200,00 € pro Stück betragen. Beim Einkauf ergibt sich ein Listeneinkaufspreis von 150,00 €.

Wie hoch ist der Gewinn in Euro und Prozent, wenn die Fa. i-Run mit folgenden Daten kalkuliert:

Liefererrabatt	20 %	GKHW	12,5 %	Kundenskonto	2,5 %
Liefererskonto	2 %	Bezugskosten	12,40 €	Kundenrabatt	15 %?

Listeneinkaufspreis		150,00 €	100 %		
– Liefererrabatt	20 %	30,00 €	20 % (: 100 x 20)		
Zieleinkaufspreis		120,00 €	80 %	100 %	
– Liefererskonto	2 %	2,40 €		2 % (: 100 x 2)	
Bareinkaufspreis		117,60 €		98 %	
+ Bezugskosten		12,40 €			
Bezugspreis		130,00 €	100%		
+ GKHW	12,5 %	16,25 €	12,5 % (: 100 x 12,5)		
Selbstkostenpreis		146,25 €	112,5 %		
+ **Gewinn**		19,50 €	**Differenz**		
Barverkaufspreis		165,75 €		97,5 %	
+ Kundenskonto	2,5 %	4,25 €		2,5 % (: 100 x 2,5)	
Zielverkaufspreis		170,00 €	85 %	100 %	
+ Kundenrabatt	15 %	30,00 €	15 % (: 100 x 15)		
Listenverkaufspreis		200,00 €	100 %		

$$\text{Gewinn} = \frac{19{,}50 \cdot 100}{146{,}25} = \underline{\underline{13{,}\overline{33}\ \%}}$$

Der Gewinn beträgt $13\frac{1}{3}$ %.

Der Gewinn in Euro ergibt sich als Differenz zwischen dem Barverkaufspreis und dem Selbstkostenpreis.

Kalkulationshilfen

Da die Prozentsätze für die Gemeinkosten für Handelswaren, Gewinn, Kundenskonto und -rabatt über längere Zeit konstant bleiben, können die Zuschlagsätze zusammengefasst werden zum sog. Kalkulationsaufschlagsatz. Dadurch wird die Kalkulation stark vereinfacht.

Durch Kalkulationshilfen muss nicht für jede Handelsware einzeln kalkuliert werden.

Arten der Kalkulationshilfen

- *Kalkulationsaufschlagsatz (KA):* Fasst die einzelnen Prozentsätze zwischen EP (= BP) und LVP zu einem einzigen Prozentsatz zusammen.
- *Kalkulationsfaktor (KF):* Setzt den LVP und EP ins Verhältnis und ermöglicht die Berechnung des LVP in nur einem Schritt.

Zwischen KA und KF besteht ein Zusammenhang:
$KA = (KF - 1) \cdot 100$

$KF = \frac{KA}{100} + 1$

Der Kalkulationsfaktor muss immer auf vier Stellen hinter dem Komma (genau) ermittelt werden; er ist eine Zahl ohne Einheit.

Kalkulationsaufschlagsatz (KA)

Formel

$$\frac{(\text{Listenverkaufspreis} - \text{Einstandspreis}) \cdot 100}{\text{Einstandspreis}}$$

Ermittlung des LVP:

$$\text{LVP} = \frac{\text{EP} \cdot \text{KA}}{100} + \text{EP}$$

Kalkulationsfaktor (KF)

Formel

$$\frac{\text{Listenverkaufspreis}}{\text{Einstandspreis}}$$

Ermittlung des LVP:

$\text{LVP} = \text{EP} \cdot \text{KF}$

BEISPIEL – Kalkulationsaufschlagsatz

Die Fa. i-Run kalkuliert mit 20 % Gemeinkosten für Handelswaren, 10 % Gewinn, 2 % Kundenskonto und 15 % Kundenrabatt. Der Einstandspreis einer Laufbrille beträgt pro Stück 100,00 €.

Wie viel Euro beträgt der Kalkulationsaufschlag und wie viel Prozent der Kalkulationsaufschlagsatz?

Der Einstandspreis ist der Ausgangspunkt zur Berechnung des Kalkulationsaufschlagsatzes; er entspricht immer 100 %.

Einstandspreis		100,00 €	100 %	
+ GKHW	20 %	20,00 €	20 %	
Selbstkostenpreis		120,00 €	120 %	100 %
+ Gewinn	10 %	12,00 €		10 %
Barverkaufspreis		132,00 €	98 %	110 %
+ Kundenskonto	2 %	2,69 €	2 %	
Zielverkaufspreis		134,69 €	100 %	85 %
+ Kundenrabatt	15 %	23,77 €		15 %
Listenverkaufspreis		158,46 €		100 %

Kalkulationsaufschlag in Euro = 58,46 €

$$\text{Kalkulationsaufschlagsatz} = \frac{58{,}46 \cdot 100}{100{,}00} = \underline{\underline{58{,}46\ \%}}$$

BEISPIEL – Kalkulationsfaktor

Die Fa. i-Run möchte für eine Handelsware den Kalkulationsfaktor ermitteln. Der kalkulierte Listenverkaufspreis beträgt 158,46 €, den Einstandspreis setzt sie auf 100,00 € an.

Wie lautet der Kalkulationsfaktor?

$$\text{Kalkulationsfaktor} = \frac{\text{Listenverkaufspreis}}{\text{Einstandspreis}} = \frac{158{,}46}{100{,}00} = \underline{\underline{1{,}5846}}$$

4.3 Der Verkauf einschließlich der Sofortrabatte an Kunden

Beim Kauf von Fertigerzeugnissen und Handelswaren verlangen die Kunden, dass ihnen vom Verkäufer Rabatte gewährt werden (= **Sofortrabatte**; vgl. Jahrgangsstufe 7, Kapitel 5.2). Diese schmälern die Umsatzerlöse.

BEISPIEL

Ausgangsrechnung für Fertigerzeugnisse, netto 10.000,00 €, abzüglich 20 % Mengenrabatt.

Listenpreis		10.000,00 €
– Mengenrabatt	20 %	2.000,00 €
Zielverkaufspreis		8.000,00 €

2400	FO	9.520,00 €	an	5000	UEFE	8.000,00 €
				4800	UST	1.520,00 €

Fertigerzeugnisse und Handelswaren werden auf unterschiedlichen Erlöskonten erfasst.

4.4 Versandkosten

Bei den Lieferbedingungen werden grundsätzlich zwei Möglichkeiten unterschieden.

Lieferbedingungen

Lieferung „ab Werk“ → Käufer zahlt alle Versandkosten.

Lieferung „frei Haus“ → Verkäufer trägt alle Versandkosten.

Als Versandkosten können dem Kunden z. B. Verpackungsmaterial sowie Ausgangsfracht in Rechnung gestellt werden.

BEISPIEL – Lieferung ab Werk

Verkauf von Handelswaren auf Ziel, netto 4.000,00 €, in Rechnung gestellte Verpackung 40,00 € netto.

2400	FO	4.807,60 €	an	5100	UEHW	4.040,00 €
				4800	UST	767,60 €

In Rechnung gestellte Versandkosten werden auf dem entsprechenden Erfolgskonto im Haben zum Nettowert erfasst.

Ausgangsfracht bucht der Lieferer bei Lieferung „frei Haus" auf 6140 AFR.

BEISPIEL – Lieferung frei Haus

Die anfallenden Frachtkosten für die Lieferung der Handelswaren übernimmt die Fa. i-Run; die Speditionsrechnung beläuft sich auf 90,00 € netto.

6140	AFR	90,00 €				
2600	VORST	17,10 €	an	4400	VE	107,10 €

Um die Produkte verkaufsfertig zu machen, kauft das Unternehmen i-Run Kartons, Verpackungsfolien usw., also Verpackungsmaterial, das auf 6040 gebucht wird.

BEISPIEL – Einkauf von Verpackungsmaterial

Die Fa. i-Run kauft Verpackungsmaterial gegen Barzahlung, 952,00 € brutto.

6040	AWVM	800,00 € ←				: 1,19
2600	VORST	152,00 €	an	2880	KA	952,00 €

4.5 Rücksendungen von Kunden

Rücksendungen von Fertigerzeugnissen und Handelswaren durch den Kunden wegen mangelhafter Lieferung oder Fehllieferung führen zu einer **Stornobuchung** (Rückbuchung) auf dem entsprechenden Umsatzerlösekonto, d. h., der ursprüngliche Buchungssatz wird umgekehrt. Auch Rücksendungen von Verpackungsmaterial oder Leihpaletten durch den Kunden werden auf dem entsprechenden Umsatzerlösekonto im Soll zum Nettowert gebucht.

BEISPIEL

Ein FE-Kunde der Fa. i-Run hat fehlerhafte Laufschuhe zurückgeschickt, 700,00 € netto.

5000	UEFE	700,00 €				
4800	UST	133,00 €	an	2400	FO	833,00 €

! Die Rücksendung bewirkt eine Gutschriftanzeige an den Kunden, zudem wird die Umsatzsteuer berücksichtigt.

4.6 Die nachträglichen Preisnachlässe an Kunden

Nachträglich gewährte Nachlässe (Boni, Skonti, Nachlässe aufgrund einer Mängelrüge) werden aus Gründen der Übersichtlichkeit auf speziellen **Erlösberichtigungskonten** (= Unterkonten) gebucht.

Nachträgliche Preisnachlässe an Kunden vermindern die Umsatzerlöse.

BEISPIEL – Mängelrüge

Die Fa. i-Run gewährt einem FE-Kunden nachträglich einen Preisnachlass aufgrund einer Mängelrüge in Höhe von 15 %, die Rechnung belief sich auf 7.735,00 € brutto.

15 % aus 7.735,00 € = 1.160,25 € brutto

5001	EBFE	975,00 € ← (:1,19)				
4800	UST	185,25 €	an	2400	FO	1.160,25 €

BEISPIEL – Bonus

Ein Bonus an Kunden ist ein nachträglich gewährter Rabatt.

Die Fa. i-Run gewährt einem HW-Kunden einen Bonus in Höhe von 5 % auf den Gesamtumsatz von brutto 107.100,00 €.

5 % aus 107.100,00 € = 5.355,00 € brutto

5101	EBHW	4.500,00 € ← (:1,19)				
4800	UST	855,00 €	an	2400	FO	5.355,00 €

BEISPIEL – Skonto

Ein FE-Kunde begleicht eine Rechnung, die Banküberweisung nach Abzug von 3 % Skonto beträgt 9.811,55 €.

Zur Verbuchung eines Rechnungsausgleichs unter Skontoabzug ist immer folgendes Schema erforderlich:

Rechnungsbetrag	10.115,00 €	100 %	:1,19 →	255,00 €	Nettoskonto
– 3 % Skonto	303,45 €	3 %			
Banküberweisung	9.811,55 €	97 %	→	48,45 €	UST

2800	BK	9.811,55 €				
5001	EBFE	255,00 €				
4800	UST	48,45 €	an	2400	FO	10.115,00 €

! Aufgrund der nachträglichen Preisnachlässe (Boni, Skonti, Nachlässe wegen Mängelrügen) an die Kunden werden sowohl die Umsatzerlöse für Fertigerzeugnisse (und Handelswaren) als auch die Umsatzsteuer vermindert.

Im Rahmen der vorbereitenden Abschlussbuchungen (VAB) wird das jeweilige Unterkonto „EB“ auf das betreffende Umsatzerlösekonto (= Hauptkonto) abgeschlossen.

BEISPIEL

Am Jahresende wird das Konto 5001 EBFE abgeschlossen, Saldo 1.230,00 €.

Vorbereitende Abschlussbuchung:

5000	UEFE	an	5001	EBFE	1.230,00 €

5 Umsatzsteuer

Bereits in der 7. Jahrgangsstufe wurde kurz auf die Umsatzsteuer eingegangen: Jahrgangsstufe 7, Kapitel 3.5; 5.1

Die Umsatzsteuer

- ist steuerrechtlich eine Verkehrssteuer.
- hat den Charakter einer Verbrauchssteuer.
- wird als indirekte Steuer bezeichnet.

Die Umsatzsteuer ist eine sehr wichtige Einnahmequelle für den Staat (siehe Grafik).

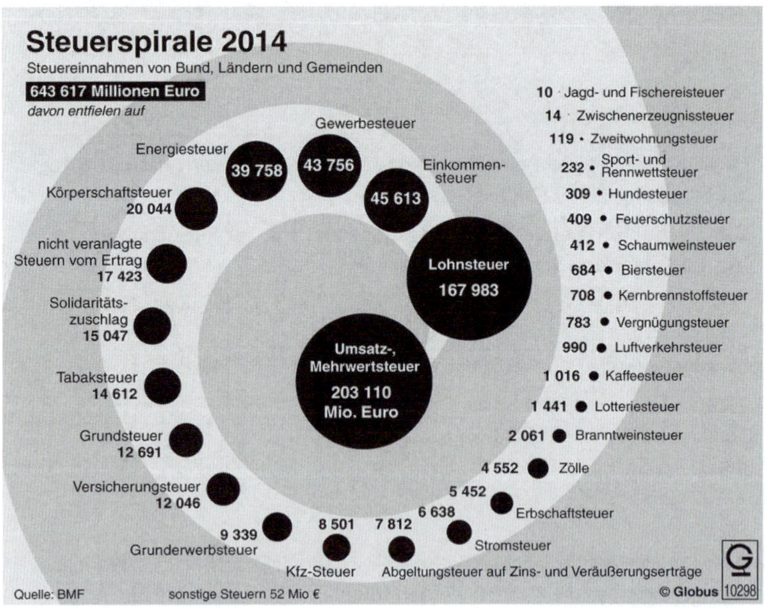

picture-alliance/ dpa-infografik

5.1 Steuerpflichtige und steuerfreie Umsätze

Umsätze

steuerpflichtig

Regelsteuersatz 19 %

z. B.
- Verkauf von Fertigerzeugnissen und Handelswaren
- Einfuhr aus Nicht-EU-Staaten (Einfuhrumsatzsteuer)

ermäßigter Steuersatz 7 %

z. B.
- Grundnahrungsmittel
- Ausgaben für Bildung und Kultur (Bücher, Zeitungen)

steuerfrei

z. B.
- Umsätze der Banken
- Ausfuhrgenehmigungen
- Umsätze der Deutschen Post AG (Postwesen)
- Umsätze der Ärzte, Zahnärzte, Heilpraktiker
  → **Tierärzte** sind **nicht befreit**!
- Leistungen aufgrund eines Versicherungsverhältnisses
- Umsätze der Alten-, Kranken- und Pflegeheime

5.2 Der Mehrwert

Man spricht deshalb von der „**Mehrwertsteuer**", weil der Unternehmer nur für den in seinem Unternehmen geschaffenen Wert der Güter (= Mehrwert = Wertschöpfung) die Umsatzsteuer an den Staat abzuführen hat.

Auf jeder Umsatz- bzw. Produktionsstufe wird jeweils der gesamte „Mehrwert" (= Wertschöpfung) besteuert.

BEISPIEL

Der **Urerzeuger (I)** liefert Rohstoffe an einen Hersteller (II) für 1.000,00 € + 19 % UST.

Der **Hersteller (II)** fertigt mit diesen Rohstoffen ein Produkt und verkauft es an den Händler (III) für 1.700,00 € + 19 % UST.

Der **Händler (III)** verkauft dieses Produkt an einen Endverbraucher für 2.200,00 € + 19 % UST.

Die entsprechende Umsatzsteuerschuld (= Zahllast) für die einzelnen Umsatz- bzw. Produktionsstufen wird wie folgt berechnet:

Umsatz- bzw. Produktionsstufen	Rechnungsbetrag (RB) (in €)		Umsatzsteuer (in €)	Vorsteuerabzug (in €)	USt-Schuld (= Zahllast) (in €)	Mehrwert = Wertschöpfung (in €)
(I) Urerzeuger	Nettopreis + 19 % RB	1.000,00 190,00 1.190,00	190,00	–	**190,00**	1.000,00
(II) Hersteller	Nettopreis + 19 % RB	1.700,00 323,00 2.023,00	323,00	190,00	**133,00**	700,00
(III) Händler	Nettopreis + 19 % RB	2.200,00 418,00 2.618,00	418,00	323,00	**95,00**	500,00
					418,00	

Der Unternehmer ist Steuerschuldner der Umsatzsteuer, die jedoch letztlich der Endverbraucher bezahlt.

5.3 Die Umsatzsteuervoranmeldung

Nach § 18 UStG hat der Unternehmer bis zum 10. Tag nach Ablauf jedes Voranmeldungszeitraumes (= Kalendermonat oder Kalendervierteljahr) eine Voranmeldung nach amtlich vorgeschriebenem Vordruck auf elektronischem Weg an das Finanzamt zu übermitteln. Der Unternehmer muss mittels dieser Voranmeldung die z. B. monatliche Steuerschuld berechnen, als Vorauszahlung überweisen und am Jahresende eine Umsatzsteuererklärung für das gesamte Kalenderjahr abgeben.

5.4 Die Zahllast

Berechnung der Zahllast

Die Zahllast (= Umsatzsteuerschuld) wird mit folgendem Schemaansatz berechnet:

Umsatzsteuer	(= Umsatzsteuer auf Ausgangsrechnungen)
– Vorsteuer	(= Umsatzsteuer auf Eingangsrechnungen)
Zahllast	(= Umsatzsteuerschuld)

Die **Vorsteuer** (beim Einkauf) ist eine Forderung gegenüber dem Finanzamt. Die **Umsatzsteuer** (beim Verkauf) ist eine Verbindlichkeit gegenüber dem Finanzamt.

Buchhalterische Behandlung der Zahllast

Bei der Ermittlung der Zahllast wird das Konto Vorsteuer (= kleineres Konto) auf das Konto Umsatzsteuer (= größeres Konto) übertragen (abgeschlossen).

Buchungssatz:

4800	UST	an	2600	VORST

Bei der Überweisung der Zahllast an das Finanzamt wird folgendermaßen gebucht:

4800	UST	an	2800	BK

!

Sonderfall: Ermittlung des **Vorsteuerüberhangs** (VORST > UST)

Es gilt der gleiche Buchungssatz wie bei der Ermittlung der Zahllast, **nur** wird hier das Konto UST (= kleinerer Saldo) auf das Konto VORST übertragen.

Folgender Buchungssatz fällt bei der Überweisung des Vorsteuerüberhangs durch das Finanzamt an:

2800	BK	an	2600	VORST

5.5 Die Umsatzsteuer-Identifikationsnummer (USt-IdNr.)

Mit der USt-IdNr. können deutsche Unternehmen umsatzsteuerfrei an Unternehmen in EU-Mitgliedsstaaten liefern, wenn diese ebenfalls eine USt-IdNr. besitzen. Die USt-IdNr. besteht aus dem Länderkennzeichen und den weiteren (in Deutschland neun) Stellen für das jeweilige Land.

BEISPIEL

Die USt-IdNr. der Fa. i-Run: DE123456786.

6 Aufwendungen und Erträge im Geschäftsbetrieb

6.1 Die Steuern des Unternehmens und des Unternehmers

Die Steuerarten

Steuern sind Pflichtabgaben an den Staat ohne direkte Gegenleistung.

Die Steuern werden für Zwecke der buchmäßigen Behandlung folgendermaßen eingeteilt:

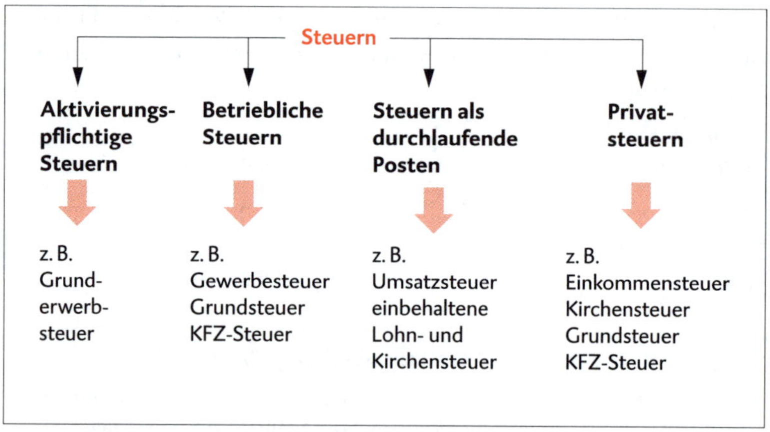

Die Buchung der Steuern

Aktivierungspflichtige Steuern

Beim Kauf von Grundstücken und Gebäuden fällt **Grunderwerbsteuer** an, **diese Anschaffungsnebenkosten** sind als Teil der Anschaffungskosten **aktivierungspflichtig**.

BEISPIEL 1

Die Fa. i-Run kauft ein Grundstück zum Preis von 45.000,00 € gegen Bankscheck, um es als Parkplatz für die Mitarbeiter zu nutzen. Die Grunderwerbsteuer in Höhe von 3,5 % wird per Bank überwiesen.

Buchung des Kaufpreises:

0500	UGR	an	2800	BK	45.000,00 €

Überweisung der Grunderwerbsteuer:

3,5 % Grunderwerbsteuer aus 45.000,00 € = 1.575,00 €

0500	UGR	an	2800	BK	1.575,00 €

BEISPIEL 2

Die Fa. i-Run kauft ein bebautes Geschäftsgrundstück (Bürogebäude) zum Preis von 500.000,00 € gegen Banküberweisung. Auf den Grund und Boden entfallen 150.00,00 €, 350.000,00 € auf das Bürogebäude. Per Bank wird die anfallende Grunderwerbsteuer in Höhe von 3,5 % überwiesen.

Die Grunderwerbsteuer ist zu splitten in den Anteil, der auf den Grund und Boden entfällt, und den Anteil, der auf die Gebäude entfällt.

Buchung des Kaufpreises:

0510	BGR	150.000,00 €				
0530	BVG	350.000,00 €	an	2800	BK	500.000,00 €

Überweisung der Grunderwerbsteuer:

3,5 % Grunderwerbsteuer aus 150.000,00 € = 5.250,00 €
3,5 % Grunderwerbsteuer aus 350.000,00 € = 12.250,00 €

0510	BGR	5.250,00 €				
0530	BVG	12.250,00 €	an	2800	BK	17.500,00 €

Betriebliche Steuern

Betriebliche Steuern (siehe Steuerarten) stellen einen Aufwand dar und wirken sich voll auf den Gewinn aus. Sie werden auf das jeweilige Aufwandskonto gebucht.

BEISPIEL

Banklastschrift für die Gewerbesteuer, 15.000,00 €.

7000	GWST	an	2800	BK	15.000,00 €

Diese Steuern werden in der Kontenklasse 4 erfasst.

Steuern als durchlaufende Posten

Die vom Kunden bezahlte Umsatzsteuer sowie die Lohn- und Kirchensteuer des Arbeitnehmers werden vom Unternehmen zunächst einbehalten und dann zum Fälligkeitstermin an das Finanzamt überwiesen. Diese durchlaufenden Posten berühren den Erfolgskontenbereich nicht und haben deshalb keine Auswirkung auf die GUV-Rechnung. Sie sind somit **erfolgsneutral**.

BEISPIEL – Umsatzsteuer

Am Ende eines Abrechnungszeitraumes wird die Differenz zwischen Umsatzsteuer (Konto 4800) und Vorsteuer (Konto 2600) als Umsatzsteuerzahllast (= Steuerschuld) an das Finanzamt per Bank überwiesen, 71.250,00 €.

4800	UST	an	2800	BK	71.250,00 €

BEISPIEL – Lohn- und Kirchensteuer

Die Fa. i-Run überweist die einbehaltene Lohn- und Kirchensteuer per Bank an das Finanzamt, 8.970,00 €.

4830	VFA	an	2800	BK	8.970,00 €

Privatsteuern sind nicht durch den Betrieb, sondern **privat** veranlasst.

Privatsteuern

Zu den Privatsteuern gehören die Einkommensteuer, die private Grundsteuer, die Kirchensteuer (Bemessungsgrundlage: Einkommensteuer), die private KFZ-Steuer sowie der private Solidaritätszuschlag.

BEISPIEL

Der Eigentümer der Fa. i-Run bezahlt die KFZ-Steuer für das Auto seiner Frau per Banküberweisung, 290,00 €.

3001	P	an	2800	BK	290,00 €

! Privatsteuern werden auf dem Privatkonto (vgl. Jahrgangsstufe 8, Kapitel 7) als Privatentnahmen gebucht.

Die Buchung der Steuerrückerstattung

Steuerrückerstattungen	
für betriebliche Steuern	für Privatsteuern
↓	↓
auf Konto 5490 PFE	als Privateinlage auf Konto 3001 P

Die Rückerstattung von Steuern betrifft eine bereits abgeschlossene Abrechnungsperiode (Vorjahr).

BEISPIEL – betriebliche Steuern

Die Fa. i-Run erhält zu viel gezahlte Gewerbesteuer auf das Bankkonto zurückerstattet, 7.000,00 €.

2800	BK	an	5490	PFE	7.000,00 €

BEISPIEL – Privatsteuern

Der Firmeninhaber der Fa. i-Run erhält Einkommensteuer vom Finanzamt rückerstattet, auf dem Bankkonto beträgt die Gutschrift 3.900,00 €.

2800	BK	an	3001	P	3.900,00 €

6.2 Sonstige Aufwendungen und Erträge

Die Buchung sonstiger betrieblicher Aufwendungen

Kontengruppe 67
Aufwendungen für die Inanspruchnahme von Rechten und Diensten

6700 AWMP	Mieten und Pachten (z. B. Geschäftsräume)
6710 LS	Leasing (z. B. für Autos, Produktionsmaschinen usw.)
6730 GEB	Gebühren (z. B. für Abwasser, Kanal, Straßenreinigung, Müllabfuhr, Kaminkehrer usw.); **Achtung: Für die öffentlich-rechtliche Abfallentsorgung sowie für die Kanalgebühren fällt keine Umsatzsteuer an!**
6750 KGV	Kosten des Geldverkehrs (z. B. Kontoführungsgebühren, Bearbeitungsgebühren, Depotgebühren)
6770 RBK	Rechts- und Beratungskosten (z. B. Rechtsanwalt, Gerichtskosten, Steuerberater, Unternehmensberater)

Strom-, Wasser- und Gasgebühren werden auf **Konto 6030 AWB** gebucht!

Kleingüter sind Anlagegüter (selbstständig nutzbar und beweglich), deren Anschaffungskosten 150,00 € netto nicht überschreiten.

Kontengruppe 68 Aufwendungen für Kommunikation	
6800 BMK	Büromaterial und Kleingüter (z. B. Kopierpapier, Druckerpatronen usw.)
6810 ZFL	Zeitungen und Fachliteratur (z. B. Fachzeitschrift für Meister, Ausbildungshefte); **Achtung: Hier fällt nur ein verminderter Umsatzsteuersatz (7 %) an!**
6820 PUK	Post- und Kommunikationsgebühren (z. B. für Geschäftsbriefe, Pakete, Telefon, Internet)
6850 REK	Reisekosten (z. B. Übernachtung, Taxi, Bahn)
6870 WER	Werbung (z. B. Zeitungsanzeigen, Fernsehen, Rundfunk, Prospekte, Homepage)

Die gesetzliche Unfallversicherung wird auf das Konto 6420 BBG gebucht!

Kontengruppe 69 Aufwendungen für Beiträge und Sonstiges sowie Wertkorrekturen und periodenfremde Aufwendungen	
6900 VBEI	Versicherungsbeiträge (z. B. KFZ-, Diebstahl-, Einbruch-, Haftpflicht-, Feuerversicherung); **Achtung: Hier fällt keine Umsatzsteuer an!**
6920 BWB	Beiträge zu Wirtschaftsverbänden und Berufsvertretungen (z. B. für Handelskammer, IHK, Arbeitgeberverband); **Achtung: Hier fällt keine Umsatzsteuer an!**
6930 VSF	Verluste aus Schadensfällen (z. B. für Schäden, die nicht durch Versicherungen abgedeckt sind, wie Hagel- oder Sturmschäden)
6990 PFAW	Periodenfremde Aufwendungen (z. B. für laufende Prozesse, Instandhaltungen)

BEISPIEL

Banklastschrift für die Fachzeitschrift „Laufschuhe und Lauftipps“, 119,84 € (einschließlich 7 % USt).

6810	ZFL	112,00 € ←			: 1,07	
2600	VORST	7,84 €	an	2800	BK	119,84 €

Die Buchung sonstiger betrieblicher Erträge

Kontengruppe 54 Sonstige betriebliche Erträge	
5400 EMP	Erlöse aus Vermietung und Verpachtung (z. B. für vermietete Geschäftsräume)
5430 ASBE	Andere sonstige betriebliche Erträge (z. B. für berechnete Mahngebühren von Kunden)
5490 PFE	Periodenfremde Erträge (z. B. für Steuerrückerstattungen betrieblicher Steuern)

BEISPIEL

Die Fa. i-Run erhält Miete für Geschäftsräume auf dem Bankkonto gutgeschrieben, netto 1.000,00 €.

2800	BK	1.190,00 €	an	5400	EMP	1.000,00 €
				4800	UST	190,00 €

7 Privatkonto

Das Privatkonto ist ein Unterkonto des Kontos 3000 EK. Es ermöglicht bei Einzelunternehmungen die eindeutige Trennung von privatem und betrieblichem Bereich.

Das **Eigenkapital** wird durch **Erfolgsvorgänge** sowie durch **Privatvorgänge** verändert.

Das Einkommen des Einzelunternehmers ist der erreichte Gewinn.

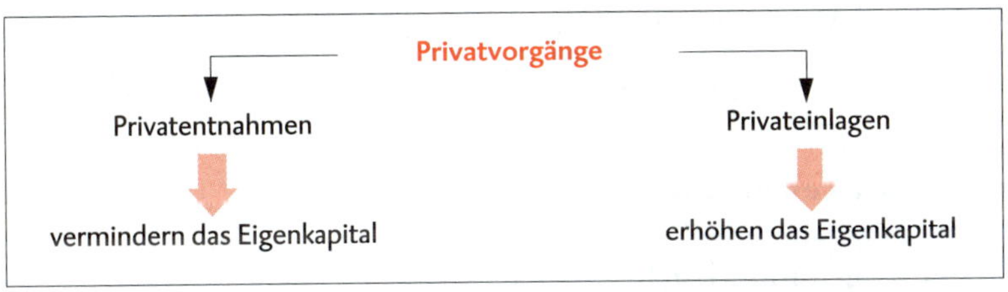

! Aus Gründen der Übersichtlichkeit werden die Privatentnahmen und Privateinlagen auf dem Konto 3001 P gebucht.

7.1 Die Buchung von Privatentnahmen

Die Privatentnahmen werden im Soll des Kontos 3001 P gebucht. Man unterscheidet **Barentnahmen** und die Begleichung **privater Rechnungen**.

Anfallende Umsatzsteuer bei Privatrechnungen darf nicht als Vorsteuer erfasst werden.

BEISPIEL

Die Arztrechnung für die Behandlung des Sohnes wird per Banküberweisung beglichen, 1.250,00 €.

3001	P	an	2800	BK	1.250,00 €

7.2 Die Buchung von Privateinlagen

Die Privateinlagen werden im Haben des Kontos 3001 P gebucht. Man unterscheidet **Geldeinlagen** und **Sacheinlagen**.

BEISPIEL

Der Inhaber der Fa. i-Run überträgt ein privates Grundstück in das Betriebsvermögen, Wert 150.000,00 €.

0500	UGR	an	3001	P	150.000,00 €

7.3 Der Abschluss des Privatkontos

Der Abschluss des Kontos 3001 P ist eine vorbereitende Abschlussbuchung.

Beim Abschluss des Privatkontos können zwei Fälle unterschieden werden:

- **Überwiegen der Privatentnahmen**
  Privatentnahmen > Privateinlagen
  → **EK vermindert sich.**

  Vorbereitende Abschlussbuchung:
  3000 EK an 3001 P

- **Überwiegen der Privateinlagen**
  Privatentnahmen < Privateinlagen
  → **EK erhöht sich.**

  Vorbereitende Abschlussbuchung:
  3001 P an 3000 EK

8 Begriffsbestimmungen und Möglichkeiten der Erfolgsermittlung

8.1 Aufwand und Ausgabe sowie Ertrag und Einnahme

Die Geschäftsbuchführung unterscheidet folgende Begriffe:
- Bestandsrechnung
- Erfolgsrechnung
- Geldrechnung

Einnahmen und Ausgaben sind Begriffe der Geldrechnung, hier geht es um Geldzufluss oder Geldabfluss.
Erträge und Aufwendungen sind Begriffe der Erfolgsrechnung. Während Erträge einen Wertezufluss aus dem Verkauf von Fertigerzeugnissen und Handelswaren darstellen, bewirken Aufwendungen einen Werteverzehr durch den Verbrauch von Gütern und Dienstleistungen.

BEISPIEL 1

Kauf eines Lkw auf Ziel, netto 200.000,00 €.

0840	FP	200.000,00 €				
2600	VORST	38.000,00 €	an	4400	VE	238.000,00 €

BEISPIEL 2

Eingangsrechnung für Rohstoffe, netto 50.000,00 €.

6000	AWR	50.000,00 €				
2600	VORST	9.500,00 €	an	4400	VE	59.500,00 €

Vergleich der Beispiele 1 und 2

Beispiel 1		Beispiel 2
Ausgabe (Zielkauf → 4400 VE Zahlung später)	⇔	**Ausgabe** (Rechnung → 4400 VE Zahlung später)
Bestandsvorgang (Kauf Lkw)		**Erfolgsvorgang** (Kauf von Rohstoffen)
Ausgabe (kein Aufwand) nicht erfolgswirksam	≠	Ausgabe = **Aufwand** erfolgswirksam

> **!** Ausgaben sind nicht immer zugleich Aufwendungen.

BEISPIEL 3

Zielverkauf einer gebrauchten EDV-Anlage, netto 20.000,00 €.

2400	FO	23.800,00 €	an	0860	BM	20.000,00 €
				4800	UST	3.800,00 €

BEISPIEL 4

Zielverkauf von Handelswaren, netto 30.000,00 €.

2400	FO	35.700,00 €	an	5100	UEHW	30.000,00 €
				4800	UST	5.700,00 €

Vergleich der Beispiele 3 und 4

Beispiel 3		Beispiel 4
Einnahme (Zielverkauf → 2400 FO Zahlung später)	⇔	**Einnahme** (Zielverkauf → 2400 FO Zahlung später)
Bestandsvorgang (Verkauf EDV-Anlage)		**Erfolgsvorgang** (Verkauf von Handelswaren)
Einnahme (kein Ertrag) **nicht erfolgswirksam**	≠	Einnahme = **Ertrag** **erfolgswirksam**

> **!** Einnahmen sind nicht immer zugleich Erträge.

8.2 Möglichkeiten der Erfolgsermittlung

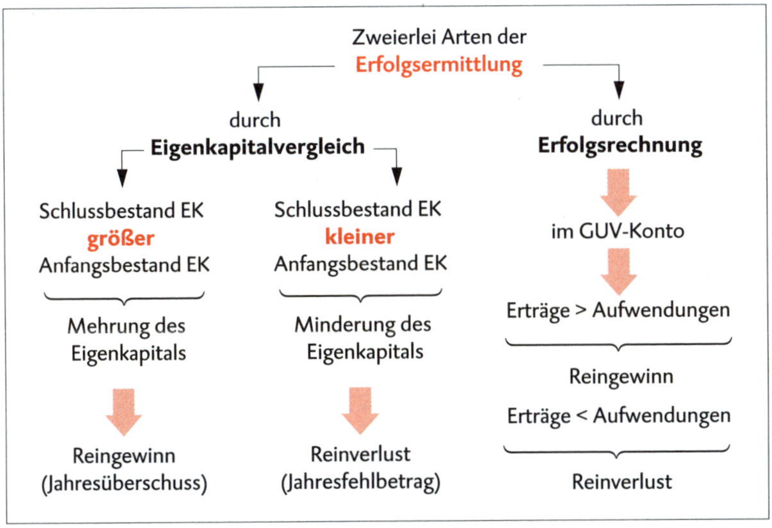

Jahrgangsstufe 9

1 Berechnungen im Kreditbereich

1.1 Exkurs: Die Zinsrechnung

Bei der Zinsrechnung müssen drei Größen gegeben sein, um die vierte zu berechnen.

Die Zinsrechnung ist eine Anwendungsform der Prozentrechnung.

Größen der Zinsrechnung

- **Kapital (K)** → Grundwert in der Prozentrechnung
- **Zinssatz (p)** → Prozentsatz in der Prozentrechnung
- **Zinsen (Z)** → Prozentwert in der Prozentrechnung
- **Zeit (t)** → **in der Prozentrechnung nicht vorhanden!**

Zinsen stellen den Preis für die zeitweilige Überlassung von Kapital (Geld) dar.

BEISPIEL

3 % von 40.000,00 € erbringen in 100 Tagen 328,77 €.

3 % ↓ Zinssatz, 40.000,00 € ↓ Kapital, 100 Tagen ↓ Zeit, 328,77 € ↓ Zinsen

Berechnung der Zinsen

Schaltjahre werden aus Vereinfachungsgründen nicht berücksichtigt.

Die Zinstage werden **tagegenau** ermittelt, d. h., jeder Monat zählt **kalendergenau** (Januar 31 Tage, Februar 28 Tage ... April 30 Tage usw.).

Zinstage

- Das Jahr wird mit 365 Tagen angesetzt.
- Der **erste Tag** der Zinslaufzeit wird **nicht** mitgezählt.
- Der **letzte Tag** der Zinslaufzeit wird **mitgezählt**.

BEISPIEL

Tage: 28. 01. bis 02. 03. = 3 + 28 + 2 = 33 Tage

Berechnung der Jahreszinsen

Bei der Jahreszinsberechnung für ein Jahr entspricht die Zinsrechnung der Prozentrechnung.

Jahreszinsen $= \frac{\text{Kapital} \cdot \text{Zinssatz}}{100}$

BEISPIEL

Die Bank berechnet für ein Darlehen über 50.000,00 € 5 % Zinsen, die Laufzeit beträgt zwei Jahre.

Wie hoch sind die Zinsen, die für dieses Darlehen zu bezahlen sind?

$$\text{Jahreszinsen für ein Jahr} = \frac{50.000,00 \cdot 5}{100} = 2.500,00\ (€)$$

$$\text{Jahreszinsen für zwei Jahre} = \frac{50.000,00 \cdot 5}{100} \cdot 2 = \underline{\underline{5.000,00\ (€)}}$$

Berechnung der Tageszinsen

Die Tageszinsen werden mithilfe der **allgemeinen Zinsformel** berechnet (= Tageszinsformel).

Tageszinsen $= \frac{\text{Kapital} \cdot \text{Zinssatz} \cdot \text{Tage}}{100 \cdot 365}$

Zinsen können als Sollzinsen, Habenzinsen, Verzugszinsen, Kontokorrentzinsen, Überziehungszinsen usw. berechnet werden.

BEISPIEL

Die Bank schreibt einem Sparer für 10.000,00 € im Rahmen eines Sondervertrages 2 % Zinsen gut, der Zeitraum beläuft sich vom 16. 01. bis zum 31. 12.

Wie viel Zinsen bekommt der Sparer gutgeschrieben?

Tage: 16. 01. bis 31. 12.
= 15 + 28 + 31 + 30 + 31 + 30 + 31 + 31 + 30 + 31 + 30 + 31 = 349 Tage

$$\text{Zinsen (Z)} = \frac{10.000,00 \cdot 2 \cdot 349}{100 \cdot 365} = \underline{\underline{191,23\ (€)}}$$

Die Berechnung von Kapital, Zinssatz und Zeit

Zur Berechnung des Kapitals, des Zinssatzes und der Zeit wird die allgemeine Zinsformel (Tageszinsformel) umgeformt.

Bei allen drei Formeln (K, p, t) ist der Zähler der Gleiche.

Berechnung des Kapitals

Kapital (K) $= \frac{\text{Zinsen} \cdot 100 \cdot 365}{\text{Zinssatz} \cdot \text{Zeit}}$

BEISPIEL

Die Bank verlangt für einen Kredit vom 07. 06. bis 31. 10. 1.600,00 € Zinsen.
Wie hoch war der Kreditbetrag, wenn die Bank mit einem Zinssatz von 8 % rechnet?

Tage: 07. 06. bis 31. 10. = 23 + 31 + 31 + 30 + 31 = 146 Tage

$$K = \frac{1.600{,}00 \cdot 100 \cdot 365}{8 \cdot 146} = \underline{\underline{50.000{,}00\ (€)}}$$

Berechnung des Zinssatzes

Zinssatz (p) $= \frac{\text{Zinsen} \cdot 100 \cdot 365}{\text{Kapital} \cdot \text{Zeit}}$

Die Verzugszinsen werden immer ausgehend vom Rechnungsbetrag (→ brutto) berechnet.

BEISPIEL

Die Fa. i-Run berechnet einem Kunden 250,39 € Verzugszinsen für einen offenstehenden Rechnungsbetrag über 47.600,00 €. Der Kunde befindet sich seit 24 Tagen im Zahlungsverzug.

Welchen Zinssatz hat die Fa. i-Run für die Verzugszinsen angesetzt?

$$p = \frac{250{,}39 \cdot 100 \cdot 365}{47.600{,}00 \cdot 24} = \underline{\underline{8{,}00\ (\%)}}$$

Berechnung der Zeit

Zeit (t) $= \frac{\text{Zinsen} \cdot 100 \cdot 365}{\text{Kapital} \cdot \text{Zinssatz}}$

BEISPIEL

Ein kurzfristiges Darlehen über 100.000,00 € hat die Fa. i-Run einschließlich 7 % Zinsen am Ende der Laufzeit mit 101.400,00 € bei der Bank getilgt.

Wie lang war die Ausleihdauer?

$$t = \frac{1.400{,}00 \cdot 100 \cdot 365}{100.000{,}00 \cdot 7} = \underline{\underline{73\ (\text{Tage})}}$$

1.2 Die Umwandlung der Zinsrechnung in eine Prozentrechnung – der relative Zinssatz

Mithilfe des relativen Zinssatzes wird die Zinsrechnung in eine Prozentrechnung umgewandelt, d. h., der Jahreszinssatz wird auf einen anderen Zeitraum umgerechnet und so als Prozentsatz angewendet.

relativer Zinssatz $(p_{rel}) = \frac{\text{Jahreszinssatz} \cdot \text{Zeit}}{365}$

BEISPIEL

Welchem relativen Zinssatz (= Prozentsatz) entsprechen 9 % Verzugszinsen in 146 Tagen?

$$\text{Relativer Zinssatz } (p_{rel}) = \frac{9 \cdot 146}{365} = \underline{\underline{3{,}6\ (\%)}}$$

Der angegebene Zinssatz (hier: 9 %) bezieht sich immer auf ein Jahr, er ist also ein Jahreszinssatz.

! Der relative Zinssatz wird auch als Zeitzinssatz oder angepasster Zinssatz bezeichnet.

Wenn bei der **Zinsrechnung nur zwei Größen** bekannt sind, statt des reinen Kapitals (= 100 %) also nur das vermehrte Kapital oder das verminderte Kapital vorliegt, muss mit dem **relativen Zinssatz** gerechnet werden.

Die Berechnung von Kapital und Zinsen aus dem vermehrten Kapital

Diese Berechnung wird auch als Zinsrechnung „auf Hundert" bezeichnet, da von einem vermehrten Grundwert ausgegangen wird.

BEISPIEL

Die Fa. i-Run zahlt ein kurzfristiges Darlehen einschließlich 8 % Zinsen mit 30.960,00 € zurück. Das Darlehen hatte eine Laufzeit von 146 Tagen.

Wie hoch waren das Darlehen und die Zinsen?

$$\text{Relativer Zinssatz } (p_{rel}) = \frac{8 \cdot 146}{365} = 3{,}2\ (\%)$$

Darlehen	30.000,00 € ↑	100,0 %	→ reines Kapital
+ Zinsen 8 %/146 Tage	960,00 €	3,2 %	→ relativer Zinssatz
= Rückzahlung	30.960,00 €	103,2 %	→ vermehrtes Kapital

Nebenrechnung: 30.960,00 € : 103,2 · 100 = 30.000,00 €

Hier sind aus der Zinsrechnung nur der Zinssatz und die Zeit bekannt.

Die Berechnung von Kapital und Zinsen aus dem verminderten Kapital

Man spricht hier von der Zinsrechnung „im Hundert“, da von einem verminderten Grundwert ausgegangen wird.

BEISPIEL

Die Fa. i-Run nimmt bei der Bank ein Darlehen für die Zeit vom 19. 03. bis 31. 05. auf. Die Bank zahlt nach Abzug von 7 % Zinsen 59.160,00 € aus.

Wie hoch sind das Darlehen und die abgezogenen Zinsen?

Tage: 19. 03. bis 31. 05. = 12 + 30 + 31 = 73 Tage

$$\text{Relativer Zinssatz } (p_{rel}) = \frac{7 \cdot 73}{365} = 1{,}4\ (\%)$$

Darlehen	60.000,00 € ▲	100,0 %	→ reines Kapital
– Zinsen 7 %/73 Tage	840,00 €	1,4 %	→ relativer Zinssatz
= Auszahlung	59.160,00 €	98,6 %	→ vermindertes Kapital

Nebenrechnung: 59.160,00 € : 98,6 · 100 = 60.000,00 €

Wenn drei Rechengrößen der Zinsrechnung bekannt sind, darf der relative Zinssatz nicht verwendet werden.

! Der relative Zinssatz ist bei der Zinsrechnung „auf Hundert“ bzw. „im Hundert“ erforderlich.

1.3 Die Kreditarten

Bei der Realsicherheit haftet eine Sache, bei der Personalsicherheit eine Person.

Unterscheidung der Kreditarten

- **Verwendung**
  - Konsumentenkredite (Privatperson)
  - Produktionskredite (Unternehmer)
- **Laufzeit**
  - kurzfristige Kredite (≦ 1 Jahr):
    - Kontokorrentkredit (Dispokredit)
    - Lieferantenkredit
  - langfristige Kredite (> 1 Jahr):
    - Annuitätendarlehen
    - Abzahlungsdarlehen
    - Festdarlehen
- **Sicherstellung**
  - Personalkredite
  - Realkredite

Der Lieferantenkredit

Der Lieferantenkredit wird vom Lieferer gewährt, indem der Kunde ein Zahlungsziel (z. B. 30 Tage) erhält.

Der Lieferantenkredit zählt zu den kurzfristigen Krediten.

BEISPIEL

Die Fa. i-Run kauft Rohstoffe im Wert von 35.700,00 € (Rechnungsdatum: 16. Januar). Folgende Zahlungsbedingung ist der Rechnung zu entnehmen:

- 3 % Skonto bei Zahlung innerhalb von 10 Tagen oder
- zahlbar innerhalb von 30 Tagen rein netto Kasse.

Wie hoch ist der zu zahlende Betrag nach Abzug von 3 % Skonto?

Rechnung, brutto	35.700,00 €	: 1,19 →	900,00 €	Nettoskonto
– 3 % Skonto	1.071,00 €			
= Zahlung (= Überweisungsbetrag)	34.629,00 €	→	171,00 €	UST

Schematische Darstellung der Zahlungsbedingung

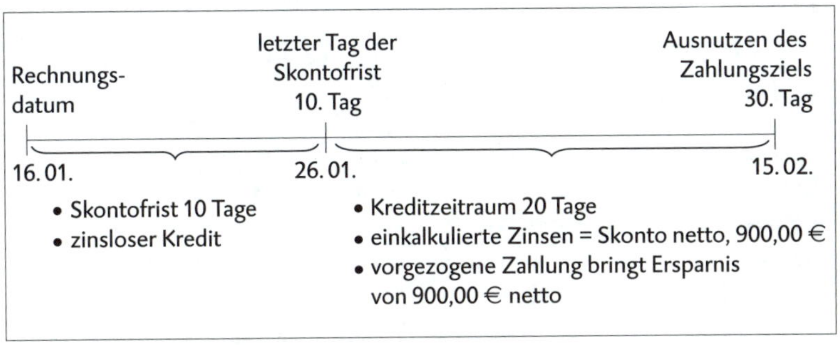

Der Lieferer möchte mittels Skontogewährung den Kunden zu vorzeitiger Zahlung veranlassen.

Nachdem der Nettoskonto den Zinsen des Lieferantenkredits entspricht, wird mittels Berechnung des Zinssatzes (= wirklicher bzw. effektiver Zinssatz) für den Nettoskonto die Vergleichbarkeit mit Bankkrediten ermöglicht. Dementsprechend wird der Skontoprozentsatz in einen vergleichbaren Jahreszinssatz umgerechnet.

Kreditdauer = Zahlungsziel – Skontofrist

$$\text{effektiver Zinssatz}_{(\text{Skonto})} = \frac{\text{Nettoskonto} \cdot 100 \cdot 365}{\text{Überweisungsbetrag} \cdot \text{Kreditdauer}}$$

BEISPIEL

Welchem effektiven Zinssatz entspricht der Skonto von 3 % innerhalb von 10 Tagen auf einen Rechnungsbetrag von 35.700 € (Zahlungsziel: 30 Tage)?

$$= \frac{900{,}00 \cdot 100 \cdot 365}{34.629{,}00 \cdot 20} = \underline{\underline{47{,}43\ (\%)}}$$

! Der Lieferantenkredit ist ein sehr teurer Kredit.

Der Kontokorrentkredit

Der sogenannte Kontokorrentkredit wird Unternehmen von der Bank auf einem laufenden Konto (→ Girokonto) eingeräumt; das Konto kann bis zu einem gewährten Kreditlimit (= Kreditlinie) in Anspruch genommen werden.

Der Kontokorrentkredit zählt zu den kurzfristigen Bankkrediten.

Der Kontokorrentkredit an Privatkunden wird als Dispositionskredit bezeichnet.

BEISPIEL

Der Fa. i-Run liegt eine Fremdbauteilrechnung über 41.650,00 € vor. Die Zahlungsbedingungen lauten folgendermaßen:

- zahlbar innerhalb von 10 Tagen abzüglich 2,5 % Skonto oder
- in 30 Tagen ohne Abzug (rein netto Kasse).

Um den Skonto ausnutzen zu können, nimmt die Fa. i-Run den Kontokorrentkredit in Anspruch.

Welche Ersparnis ergibt sich, auch wenn die Bank für diesen Kredit immerhin 10,5 % Zinsen verlangt?

Rechnung, brutto	41.650,00 €	: 1,19 →	875,00 €	Nettoskonto
– 2,5 % Skonto	1.041,25 €			
= Überweisung (= Kredit)	40.608,75 €	→	166,25 €	UST

$$\textbf{Zinsen für Kredit} = \frac{\text{Kredit} \cdot p \cdot t\ (\text{Zahlungsziel} - \text{Skontofrist})}{100 \cdot 365}$$

$$= \frac{40.608{,}75 \cdot 10{,}5 \cdot 20}{100 \cdot 365} = 233{,}64\ (€)$$

Berechnung der Ersparnis:

Skonto netto	875,00 €
– Zinsen	233,64 €
= Ersparnis	641,36 €

Trotz der Kreditinanspruchnahme ergibt sich bei der Skontoausnutzung noch eine Ersparnis von immerhin 641,36 €.

Der Investitionskredit

Der Investitionskredit ist ein langfristiger Kredit, der der Finanzierung langlebiger Anlagegüter dient, wie z. B. Gebäude, Produktionsanlagen, Ausstattungen usw.
Folgende Arten werden nach den bei Banken üblichen Tilgungsvereinbarungen unterschieden:

Arten von Investitionskrediten

Annuitätendarlehen (auch Tilgungs- oder Amortisationsdarlehen)
- feste Zahlungsrate
- steigende Tilgungsrate aufgrund sinkender Zinsbelastung

Abzahlungsdarlehen
- feste Tilgungsrate
- sinkende Zahlungsrate aufgrund abnehmender Zinsen

Festdarlehen
- Rückzahlung (Tilgung + Zinsen) am Ende der Laufzeit

Beim Annuitätendarlehen bleibt die Annuität bei gleichem Zinssatz während der gesamten Laufzeit unverändert, während der Zinsanteil infolge der laufenden Rückzahlung von Jahr zu Jahr abnimmt und der Tilgungsanteil entsprechend zunimmt.

BEISPIEL – Annuitätendarlehen

Die Fa. i-Run nimmt ein Annuitätendarlehen in Höhe von 300.000,00 € auf. Der Zinssatz beträgt jährlich 4 %, der Tilgungssatz macht im ersten Jahr 5 % aus.

Welcher Tilgungsplan ergibt sich in den ersten vier Jahren?

Jahr	Zinsen	Tilgung	Annuität	Restschuld
1	12.000,00 €	15.000,00 €	27.000,00 €	285.000,00 €
2	11.400,00 €	15.600,00 €	27.000,00 €	269.400,00 €
3	10.776,00 €	16.224,00 €	27.000,00 €	253.176,00 €
4	10.127,04 €	16.872,96 €	27.000,00 €	236.303,04 €
⋮	⋮	⋮	⋮	⋮

Die Zinsen werden jeweils aus der Restschuld berechnet.

Die Tilgung ergibt sich als Differenz zwischen Annuität und Zinsen.

Während beim Annuitätendarlehen die Rückzahlungsrate (Annuität) pro Jahr gleich hoch ist, ergibt sich beim Abzahlungsdarlehen eine von Jahr zu Jahr sinkende Zahlungsrate.

Die Zinsen werden jeweils aus der Restschuld berechnet.

Die Tilgung bleibt konstant.

Die Zahlungsrate ergibt sich als Summe von Tilgung und Zinsen.

BEISPIEL – Abzahlungsdarlehen

Die Fa. i-Run nimmt ein Abzahlungsdarlehen in Höhe von 300.000,00 € auf. Der Zinssatz beträgt 4 %, die Tilgung ist auf 5 % vom Gesamtbetrag festgelegt.

Welcher Tilgungsplan ergibt sich in den ersten vier Jahren?

Jahr	Zinsen	Tilgung	Zahlungsrate	Restschuld
1	12.000,00 €	15.000,00 €	27.000,00 €	285.000,00 €
2	11.400,00 €	15.000,00 €	26.400,00 €	270.000,00 €
3	10.800,00 €	15.000,00 €	25.800,00 €	255.000,00 €
4	10.200,00 €	15.000,00 €	25.200,00 €	240.000,00 €
⋮	⋮	⋮	⋮	⋮

Beim Festdarlehen erfolgt die Rückzahlung des gesamten Darlehens in einer Summe (= also fest) zu einem im Voraus festgelegten Zeitpunkt.

1.4 Die Berechnung des effektiven Zinssatzes

Neu ab dem Schuljahr 2015/2016 in der 9. Jahrgangsstufe: Disagio (erstmals in der Abschlussprüfung 2017)

Disagio (auch Damnum oder Abgeld) ist ein zinsähnlicher Aufwand (vorausbezahlter Zins), um einen niedrigeren Nominalzinssatz zu erhalten.

Der effektive Zinssatz beinhaltet sämtliche Kreditkosten, wie z. B. neben Zinsen auch anfallende Disagios usw. Bei einem Disagio von 4 % werden beispielsweise nur 96 % des Kreditbetrags ausgezahlt. Mithilfe des effektiven Zinssatzes können Kreditangebote somit unter Berücksichtigung aller Kosten verglichen werden.
Der Nominalzinssatz (= angegebener Zinssatz) eignet sich nur zur Berechnung der Zinsen, nicht als Vergleichsgrundlage.

➡ $\textbf{effektiver Zinssatz}_{\text{Kredit}} = \frac{\text{wirkliche Kreditkosten} \cdot 100 \cdot 365}{\text{Auszahlungsbetrag} \cdot \text{Kreditdauer}}$

BEISPIEL

Die Fa. i-Run will einen Kredit über 200.000,00 € aufnehmen. Die Hausbank der Fa. i-Run unterbreitet folgendes Angebot: Zinssatz 1,75 %, 4 % der Kreditsumme werden als Disagio einbehalten, Laufzeit 4 Jahre.
Von der örtlichen Konkurrenzbank liegt ein Angebot mit einem effektiven Zinssatz von 3,01 % vor.

Welches Angebot nimmt die Fa. i-Run an?

- **Ermittlung des Auszahlungsbetrags** (Hausbank)

Kreditbetrag	200.000,00 €	100 %
– Disagio 4 %	8.000,00 €	4 %
= Auszahlung (effektiver Kreditbetrag)	192.000,00 €	96 %

- **Berechnung der Kreditkosten** (Hausbank)

$\text{Zinsen} = \frac{200.000,00 \cdot 1,75 \cdot 4}{100} =$	14.000,00 €
+ Disagio 4 %	8.000,00 €
= wirkliche Kreditkosten	22.000,00 €

- **effektiver Zinssatz** (Hausbank)

$$\text{effektiver Zinssatz}_{\text{Kredit}} = \frac{22.000,00 \cdot 100 \cdot 365}{192.000,00 \cdot 1.460} = \underline{\underline{2,86\ (\%)}}$$

Die Fa. i-Run nimmt das Angebot ihrer Hausbank an, da es um 0,15 % billiger ist als das der örtlichen Konkurrenzbank.

In der Formel des effektiven Zinssatzes wird die Kreditdauer in Tagen berechnet. (4 Jahre = 1460 Tage)

1.5 Buchungen im Kreditverkehr

Die Kreditaufnahme

Die Bankverbindlichkeiten unterteilen sich in kurzfristige (Laufzeit bis zu einem Jahr) und langfristige (Laufzeit länger als ein Jahr) Bankverbindlichkeiten.

BEISPIEL – LBKV

Die Fa. i-Run hat sich zur Finanzierung eines Erweiterungsbaus des Verwaltungsgebäudes für die Aufnahme eines Darlehens bei ihrer Hausbank entschieden. Darlehenssumme 400.000,00 €, Laufzeit 10 Jahre, Disagio 3 %. Der Auszahlungsbetrag wird auf dem Bankkonto der Fa. i-Run gutgeschrieben.

3 % aus 400.000,00 € = 12.000,00 €

Darlehen	400.000,00 €	100 %
– Disagio 3 %	12.000,00 €	3 %
= Auszahlung	388.000,00 €	97 %

2800	BK	388.000,00 €				
7510	ZAW	12.000,00 €	an	4250	LBKV	400.000,00 €

Langfristige Bankschulden werden auf dem Konto 4250 LBKV gebucht.

Das Disagio wird auf dem Konto 7510 ZAW erfasst!

! Das Disagio wird sofort von der Darlehenssumme abgezogen und nur der verminderte Darlehensbetrag ausbezahlt.

Kurzfristige Bankschulden werden auf dem Konto 4200 KBKV gebucht.

BEISPIEL – KBKV

Die Fa. i-Run nimmt bei ihrer Hausbank ein Darlehen über 40.000,00 € mit einer Laufzeit von 9 Monaten auf.
Die Bank schreibt den Darlehensbetrag auf dem Konto gut.

2800	BK		an	4200	KBKV	40.000,00 €

Zinsen und Kontoführungsgebühren

Für Kredite fallen verschiedene Kosten an, wie Zinsen und Kontoführungsgebühren.

BEISPIEL – Zinsen

Die Bank belastet das Konto mit Kreditzinsen, 780,00 €.

7510	ZAW	780,00 €	an	2800	BK	780,00 €

BEISPIEL – Kontoführungsgebühren

Die Hausbank stellt Kontoführungsgebühren in Höhe von 25,00 € in Rechnung.

6750	KGV		an	2800	BK	25,00 €

Verzugszinsen und Mahnspesen

Im Rahmen des Zahlungsverkehrs mit Kunden und Lieferern können bei verspäteter Zahlung Verzugszinsen und Mahnspesen anfallen.

Die Belastung durch den Lieferer bedeutet, dass die Verbindlichkeiten im Haben (4400 VE) zunehmen.

BEISPIEL 1

Ein Handelswarenlieferer belastet die Fa. i-Run mit 110,00 € Verzugszinsen und 25,00 € Mahnspesen.

7510	ZAW	110,00 €				
6750	KGV	25,00 €	an	4400	VE	135,00 €

Werden einem Kunden Beträge in Rechnung gestellt, so nehmen die Forderungen (2400 FO) im Soll zu.

BEISPIEL 2

Die Fa. i-Run stellt einem FE-Kunden in einem Mahnschreiben folgende Beträge in Rechnung: Verzugszinsen 97,00 €, Mahnspesen 15,00 €.

2400	FO	112,00 €	an	5710	ZE	97,00 €
				5430	ASBE	15,00 €

> **!** Bankzinsen, Bankgebühren, Verzugszinsen und Mahnspesen sind umsatzsteuerfrei.

Tilgung im Kreditverkehr

Die Tilgungsmodalitäten unterscheiden sich beim Annuitätendarlehen, Abzahlungsdarlehen, Kontokorrentkredit sowie beim Ratenkredit mittels Kredit- bzw. Darlehensvertrag.

> **!** Beim Verbuchen der Tilgungsraten von Darlehen muss beachtet werden, ob es sich um kurzfristige (4200 KBKV) oder langfristige (4250 LBKV) Bankschulden handelt.

BEISPIEL

Die Tilgungsrate für einen Investitionskredit (Laufzeit 10 Jahre) wird dem Bankkonto belastet, 25.000,00 €.

4250	LBKV	an	2800	BK	25.000,00 €

2 Möglichkeiten der Kapitalanlage

Bankkunden lassen sich bei der Geldanlage von bestimmten Anlagekriterien leiten, die sich gegenseitig beeinflussen.

Anlagekriterien
- Rentabilität
- Sicherheit
- Liquidität

Da nicht alle drei Anlagekriterien gleichzeitig maximiert werden können, spricht man vom „magischen Dreieck".

Eine Anlageform bietet niemals alle Anlagekriterien auf einmal. Welche Möglichkeiten ein Anleger nutzt, ist abhängig von seinen Einkommens- und Vermögensverhältnissen.

2.1 Angebote der Banken für Kapitalanlagen (Einlagen)

Im Rahmen des Passivgeschäfts der Banken ist das Einlagengeschäft ein bedeutsamer Geschäftsbereich.

Unter Einlagen versteht man fremde Mittel (Gelder), die Kreditinstitute von Kunden (Privatleuten und Unternehmen) entgegennehmen, verwalten und verzinsen.

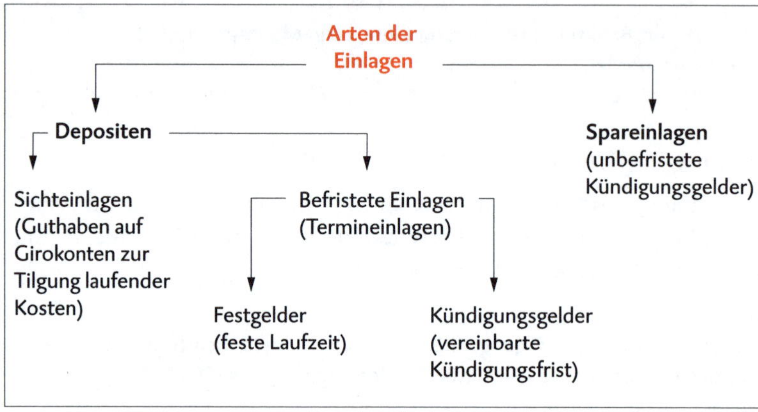

2.2 Arten von Effekten

Unter Effekten versteht man vertretbare Wertpapiere, die an der Börse gehandelt werden.

Den Ertrag der Aktie, den schwankenden Gewinnanteil, nennt man Dividende.

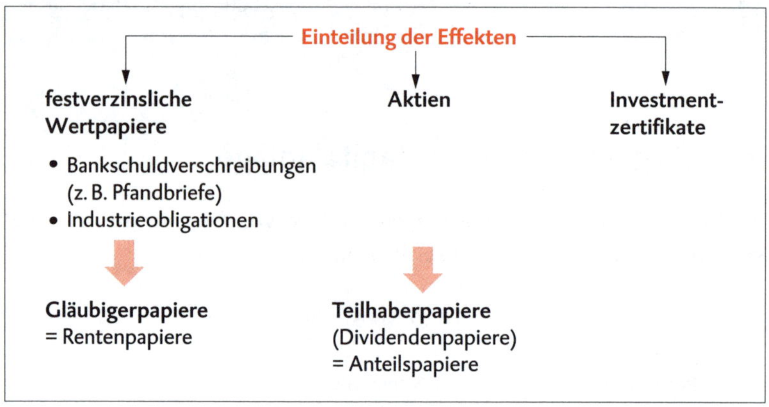

- Festverzinsliche Wertpapiere werfen für den Inhaber jährlich einen festen Zinsertrag ab, der an einem festen Zeitpunkt fällig wird. Dem Aussteller dieser Wertpapiere dienen sie zur Beschaffung von Fremdkapital.
- Aktien sind Teilhaberpapiere; mit dem Nennwert dieser Papiere ist der Eigentümer an einer Aktiengesellschaft beteiligt. Der Ertrag einer Aktie ist der Gewinnanteil, die sogenannte Dividende.
- Investmentzertifikate (= Anteilsscheine) verbriefen ein Miteigentum an einem Sondervermögen einer Kapitalgesellschaft (= Investmentgesellschaft)

2.3 Die Berechnungen und Buchungen im Aktienverkehr

Folgende Begriffe werden bei der Wertfeststellung von Wertpapieren unterschieden:

Unter Kurs versteht man den Preis, der sich durch Angebot und Nachfrage an den Börsen bildet.

Wertfeststellung von Wertpapieren

Nennwert = Nominalwert	**Kurswert** = Marktwert
aufgedruckter Wert	tatsächlicher Wert

Abrechnung und Buchung beim Kauf und Verkauf von Aktien

Im Rahmen des Kaufs und Verkaufs von Aktien fallen verschiedene Spesen an.

Spesen bei Börsengeschäften

Spesen der Bank

- Bankprovision
- Bearbeitungsgebühren
- Buchungsgebühren

Gebühren der Börse

Maklergebühren (= Courtage)

BEISPIEL – Kauf von Aktien

Die Fa. i-Run hat flüssige Mittel zur Verfügung und kauft über ihre Hausbank 500 *Tour*-Aktien zum Kurs von 150,00 €. Die Spesen betragen 1 % vom Kurswert.

Kaufabrechnung:

500 St. *Tour*-Aktien zu 150,00 €, KW	75.000,00 €
+ 1 % Spesen vom Kurswert	750,00 €
= Banklastschrift (= Anschaffungskosten)	75.750,00 €

2700	WP	an	2800	BK	75.750,00 €

! Die Spesen beim Kauf von Aktien werden als Anschaffungsnebenkosten nicht separat gebucht, sondern aktiviert (auf dem Konto 2700 WP erfasst).

Bei der Verbuchung des Aktienverkaufs muss **immer** ein Vergleich von Bankgutschrift und Banklastschrift durchgeführt werden!

BEISPIEL – Verkauf von Aktien über dem Buchwert

Die Fa. i-Run verkauft über ihre Hausbank 400 *Burg*-Aktien zum Kurs von 120,00 €. An Spesen fallen 1 % vom Kurswert an. Die Anschaffungskosten (= Buchwert) der *Burg*-Aktien betrugen 42.420,00 €.

Verkaufsabrechnung:

400 St. *Burg*-Aktien zu 120,00 €, KW	48.000,00 €
– 1 % Spesen vom Kurswert	480,00 €
= Bankgutschrift (= Verkaufserlös)	47.520,00 €
– Anschaffungskosten (= Banklastschrift)	42.420,00 €
= Kursgewinn	5.100,00 €

2800	BK	47.520,00 €	an	2700	WP	42.420,00 €
				5784	EAWP	5.100,00 €

! Wenn der Verkaufserlös (= Bankgutschrift) größer ist als die Anschaffungskosten (= Banklastschrift), so entsteht ein **Kursgewinn**.

BEISPIEL – Verkauf von Aktien unter dem Buchwert

Die Fa. i-Run verkauft über ihre Hausbank 200 *Star*-Aktien zum Kurs von 350,00 €. Die Spesen betragen 1 % vom Kurswert. Der Buchwert (= Banklastschrift) der *Star*-Aktien betrug 77.770,00 €.

Verkaufsabrechnung:

200 St. *Star*-Aktien zu 350,00 €, KW	70.000,00 €
– 1 % Spesen vom Kurswert	700,00 €
= Bankgutschrift (= Verkaufserlös)	69.300,00 €
– Buchwert (= Banklastschrift)	77.770,00 €
= Kursverlust	–8.470,00 €

2800	BK	69.300,00 €				
7460	VAWP	8.470,00 €	an	2700	WP	77.770,00 €

! Wenn der Verkaufserlös (= Bankgutschrift) kleiner ist als der Buchwert (= Banklastschrift = Anschaffungskosten), so entsteht ein **Kursverlust**.

Dividendenerträge

Aktien sind sogenannte Teilhaber- bzw. Anteilspapiere und ermöglichen dem Inhaber ein Anteilsrecht am Unternehmensgewinn einer Aktiengesellschaft.

BEISPIEL

Die Fa. i-Run erhält für 300 Stück *Schnell*-Aktien je Aktie 1,50 € Dividende auf dem Bankkonto gutgeschrieben.

2800	BK	an	5780	DDE	450,00 €
					(1,50 € · 300)

! Die Höhe der Dividende ist u. a. abhängig vom Gewinn des jeweiligen Unternehmens (Bilanzgewinn), von der Branche und vor allem von der Perspektive des Unternehmens.

Die effektive Verzinsung von Aktien

Mithilfe der effektiven (= tatsächliche, wirkliche) Verzinsung lässt sich der Erfolg verschiedener Aktien miteinander vergleichen. Die effektive Verzinsung bei Aktien wird ähnlich wie der effektive Zinssatz bei Krediten mittels der abgewandelten Zinssatzformel berechnet.

➡ **Zinssatz** $= \frac{Z \cdot 100 \cdot 365}{K \cdot t}$

effektiver Zinssatz $_{\text{Aktie}} = \frac{\text{Ertrag} \cdot 100 \cdot 365}{\text{Kapitaleinsatz} \cdot \text{Besitzdauer}}$

BEISPIEL

Die Fa. i-Run kauft 100 Stück V-Aktien zum Kurs von 70,00 €. Nach einer Besitzdauer von 390 Tage werden die V-Aktien zum Kurs von 82,00 € wieder verkauft. Während der Besitzdauer erhielt das Unternehmen 1,20 € Dividende je Aktie. An Kauf- und Verkaufsspesen fiel jeweils 1 % vom Kurswert an. Die Depotgebühren betrugen 30,00 €.
Wie hoch ist die effektive Verzinsung?

1. Kapitaleinsatz: Kaufabrechnung

100 St. V-Aktien zu 70,00 €, KW	7.000,00 €
+ 1 % Spesen vom Kurswert	70,00 €
= Banklastschrift	7.070,00 €

Bei der Ermittlung der effektiven Verzinsung von Aktien wird immer **in drei Schritten** vorgegangen:
1. Ermittlung des Kapitaleinsatzes
2. Ermittlung des Ertrags während der Besitzdauer
3. Ermittlung der effektiven Verzinsung

2. Ertrag während der Besitzdauer: Verkaufsabrechnung

100 St. V-Aktien zu 82,00 €, KW	8.200,00 €
– 1 % Spesen vom Kurswert	82,00 €
= Bankgutschrift (= Verkaufserlös)	8.118,00 €
– Banklastschrift (= Kapitaleinsatz)	7.070,00 €
= Kursgewinn	1.048,00 €
+ Dividende (100 St. á 1,20 €)	120,00 €
– Depotgebühren	30,00 €
= Ertrag in 390 Tagen	1.138,00 €

Die effektive Verzinsung von Aktien wird auch als Rendite bzw. Rentabilität bezeichnet.

3. effektive Verzinsung

$$\text{effektiver Zinssatz}_{\text{Aktie}} = \frac{1.138 \cdot 100 \cdot 365}{7.070{,}00 \cdot 390} = \underline{\underline{15{,}06\ (\%)}}$$

Im Vergleich zu anderen Anlageformen ergibt sich eine sehr gute Verzinsung.

3 Der Personalbereich

3.1 Begriffe der Personalwirtschaft

Das Lohnsteuerrecht unterscheidet verschiedene Fälle und Arten von Arbeitslohn.
Grundsätzlich werden zwei **wesentliche Arten** unterschieden:

Löhne und Gehälter sind für den Arbeitnehmer **Einkommen**, für den Arbeitgeber (Unternehmer) **Aufwand**.

Arten von Arbeitslohn

Gehalt	**Lohn**
erhalten Angestellte/Beamte auf monatlicher Basis	erhalten Arbeiter (Gehilfen) z. B. auf Stundenbasis

Aufgrund des Arbeits- bzw. Dienstvertrags hat der Arbeitnehmer Anspruch auf das sogenannte Bruttoarbeitsentgelt.

Daten nach: Statistisches Bundesamt

Die Grafik zeigt den Lohn aus dreifacher Sicht.
Diese Darstellung verdeutlicht, welchen Betrag ein Betrieb im Durchschnitt für den Arbeitnehmer aufwendet und welchen Betrag der Beschäftigte tatsächlich erhält. Der Unterschied zwischen Lohnkosten und Nettolohn – hier 1.437,00 € – sind Steuern und Sozialversicherungsbeiträge, die an den Staat und die Sozialversicherungsträger abgeführt werden müssen.

Die Höhe der Lohnsteuer ist abhängig von der Höhe des Arbeitslohns sowie der Steuerklasse.

Im Rahmen der Verdienstabrechnung durch den Arbeitgeber ergibt sich folgende Abrechnungsschematik:

Bruttogehalt/-lohn
– Steuerabzüge (Lohnsteuer, Kirchensteuer, Solidaritätszuschlag)
– Arbeitnehmeranteil zur Sozialversicherung (ANA-SV)
Nettogehalt/-lohn

Der Arbeitgeber ist verpflichtet, die einbehaltenen Steuern sowie die Sozialversicherungsbeiträge fristgerecht an das Finanzamt bzw. die Sozialkassen abzuführen:

- **K**rankenversicherung
- **R**entenversicherung
- **A**rbeitslosenversicherung
- **P**flegeversicherung

Das Kürzel **KRAP** erleichtert die Merkfähigkeit der Sozialversicherungsbeiträge!

Infos zur Unfallversicherung: vgl. Jahrgangsstufe 9, Kapitel 3.3

Die lohnsteuerrechtlichen Daten – Steuerklasse, Zahl der Kinderfreibeträge usw. – werden in einer Datenbank der Finanzverwaltung zum elektronischen Abruf für die Arbeitgeber bereitgestellt, man spricht von den **E**lektronischen **L**ohn**St**euer **A**bzugs**M**erkmalen (**ELStAM**).

3.2 Die Personalzusatzkosten (Lohnnebenkosten)

Jeder Beschäftigte erhält neben dem Entgelt für seine geleistete Arbeit (Direktlohn) noch zusätzlich einen „zweiten" Lohn, bestimmte Sozialleistungen; für das Unternehmen sind das sogenannte **Personalzusatzkosten** (= Lohnnebenkosten).
Grundsätzlich werden zwei Arten unterschieden:

Arten von Personalzusatzkosten

gesetzliche

- Arbeitgeberanteil zur Sozialversicherung
- bezahlte Freizeit (Urlaub, Feiertage)
- Entgeltfortzahlung bei Krankheit
- Unfallversicherung

tarifliche, betriebliche bzw. freiwillige

- Betriebliche Altersvorsorge
- Zuschüsse zu vermögenswirksamen Leistungen
- Sonderzahlungen wie z. B. Weihnachtsgeld, Urlaubsgeld usw.

Deutschland wird auch als „Hochlohnland" bezeichnet.

Aufgrund der hohen Lohnnebenkosten können sich für deutsche Unternehmen Wettbewerbsnachteile auf internationaler Ebene ergeben.

Das nebenstehende Schaubild verdeutlicht, welche Auswirkungen die Personalzusatzkosten auf die Arbeitskosten haben.

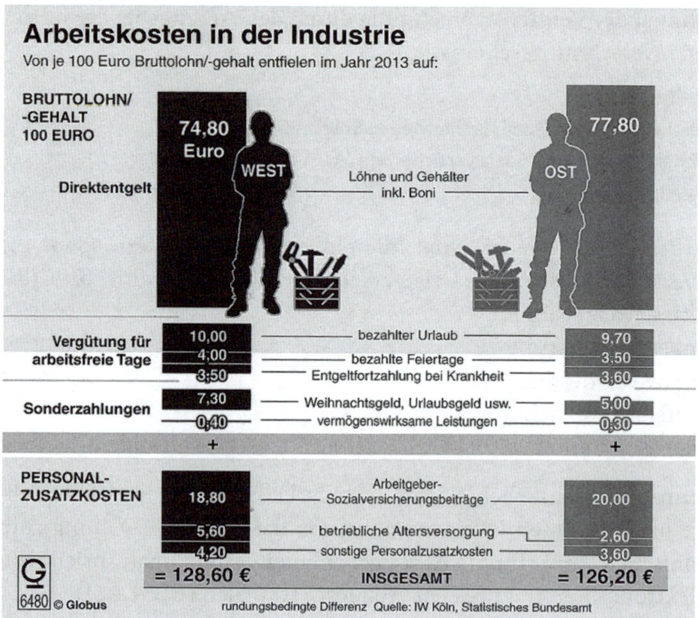

picture-alliance/ dpa-infografik

3.3 Die buchhalterische Behandlung der Personalaufwendungen

Die Buchung der Löhne und Gehälter

Die Erfassung des Arbeitsentgelts für einen Arbeitnehmer wird auf einem **Lohnkonto** (bzw. Gehaltskonto) durchgeführt. Mittels der Summenzeile der Lohn- bzw. Gehaltsliste erfolgt dann die buchhalterische Erfassung der Personalaufwendungen.

Der Arbeitnehmer erhält als Beleg die Verdienstabrechnung.

BEISPIEL

Für den Monat Februar liegt folgende Summenzeile des Lohnjournals vor – die Auszahlung der Löhne erfolgt per Banküberweisung:

	Brutto	Steuern	Soz.Vers. – AN	Soz.Vers. – AG	Netto
SUMME	71.882,00 €	6.866,00 €	16.665,00 €	15.486,00 €	48.351,00 €

6200	L	71.882,00 €	an	2800	BK	48.351,00 €
				4830	VFA	6.866,00 €
				4840	VSV	16.665,00 €
6400	AGASV		an	4840	VSV	15.486,00 €

Die Steuerabzüge umfassen Lohnsteuer, Kirchensteuer und Solidaritätszuschlag.

Die buchhalterische Erfassung der Personalaufwendungen besteht immer aus **zwei Buchungssätzen:**

a) Lohnzahlung einschließlich Abzüge
b) Verbuchung des Arbeitgeberanteils zur Sozialversicherung

Buchung der Beiträge zur gesetzlichen Unfallversicherung

Die gesetzliche Unfallversicherung ist die fünfte Säule der Sozialversicherung; der Arbeitgeber muss aufgrund der Pflichtmitgliedschaft in der Berufsgenossenschaft eine Unfallversicherung abschließen und zahlt die gesamten Beiträge allein.

BEISPIEL

Die Fa. i-Run erhält den Beitragsbescheid über die gesetzliche Unfallversicherung, 4.750,00 €.

6420	BBG	an	4400	VE	4.750,00 €

! Die „Beiträge zur Berufsgenossenschaft“ erhöhen die Personalaufwendungen und bedeuten für den Arbeitgeber Lohnnebenkosten.

Die Abführung der einbehaltenen Abzüge

Der Arbeitgeber muss die einbehaltenen Sozialversicherungsbeiträge bis zum drittletzten Bankarbeitstag des jeweiligen Monats an die Sozialversicherungsträger überweisen.
Die einbehaltenen Steuern müssen bis zum 10. des Folgemonats an das Finanzamt überwiesen werden.

BEISPIEL – Sozialversicherungsbeiträge

Die Fa. i-Run zahlt die Sozialversicherungsbeiträge per Banküberweisung an die Sozialversicherungsträger, Arbeitnehmeranteil 16.665,00 €, Arbeitgeberanteil 15.486,00 €.

4840	VSV	an	2800	BK	32.151,00 €

BEISPIEL – Lohn- und Kirchensteuer/Solidaritätszuschlag

Die einbehaltene Lohn- und Kirchensteuer sowie der Solidaritätszuschlag betrugen lt. Lohnliste im Monat Februar 6.866,00 €. Die Fa. i-Run zahlt diesen Betrag per Banküberweisung fristgerecht am 08. 03. an das Finanzamt.

4830	VFA	an	2800	BK	6.866,00 €

4 Der Anlagenbereich

Unternehmerische Entscheidungen, die den Anlagenbereich betreffen, haben eine sehr bedeutsame und nachhaltige Wirkung auf die Entwicklung und den Erfolg eines Unternehmens. Inhalt dieser Entscheidungen kann die langfristige Anlage von Kapital, z. B. in Grundstücken, Gebäuden, Maschinen usw., sein. Maßnahmen dieser Art werden als **Investition** bezeichnet.
Man unterscheidet grundsätzlich folgende Investitionsbegriffe:

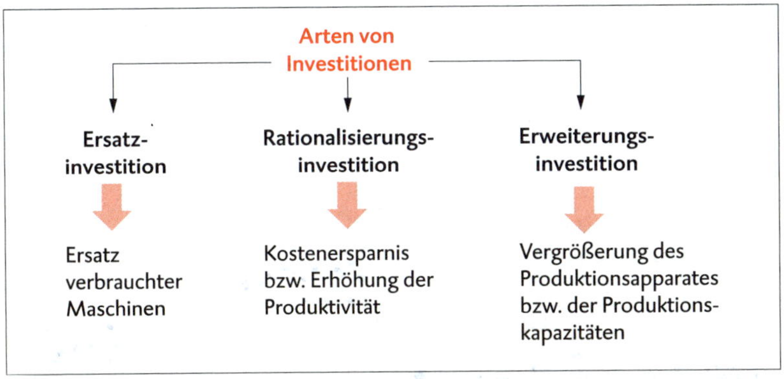

4.1 Der Kauf von Anlagegütern

Anschaffungskosten und Anschaffungsnebenkosten

Laut §255 Abs. 1 HGB müssen Anlagegüter mit den Anschaffungskosten aktiviert werden. Ebenso sind die Anschaffungspreisminderungen sowie Anschaffungsnebenkosten – auch nachträgliche – zu berücksichtigen.

Als Anschaffungsnebenkosten gelten: Montagekosten, Notariatskosten, Grunderwerbssteuer, Erschließungskosten usw.

Die Umsatzsteuer zählt nicht zu den Anschaffungskosten.

BEISPIEL

Kauf eines Gabelstaplers, Listeneinkaufspreis 100.000,00 €, Liefererrabatt 10 %, Überführungskosten 1.000,00 € netto.
Wie hoch sind die Kosten für diesen Gabelstapler?

Listeneinkaufspreis	100.000,00 €
– Anschaffungspreisminderung (= Rabatt)	10.000,00 €
+ Anschaffungsnebenkosten (= Überführung)	1.000,00 €
= Anschaffungskosten	91.000,00 €

Anlagegüter gehören zum Anlagevermögen, sie werden langfristig im Unternehmen genutzt, wie z. B. Grundstücke, Gebäude, Maschinen, Lkw, Büromaschinen usw.

Für jedes Anlagegut wird eine Anlagenkarte bzw. Anlagendatei geführt.

Die Buchung gekaufter Anlagegüter

Bei der buchhalterischen Erfassung gekaufter Anlagegüter müssen folgende Arten von Anlagegütern unterschieden werden:

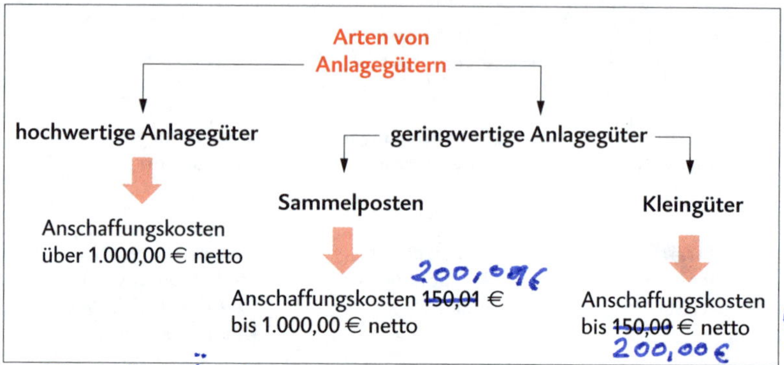

offizielle Änderung!

BEISPIEL

Zieleinkauf eines Gabelstaplers, Listeneinkaufspreis 100.000,00 €, Liefererrabatt 10 %, Überführungskosten 1.000,00 € netto
(*Hinweis: Ermittlung der Anschaffungskosten siehe vorheriges Beispiel*).

0840	FP	91.000,00 €				
2600	VORST	17.290,00 €	an	4400	VE	108.290,00 €

Hochwertige Anlagegüter (= Anschaffungskosten über 1.000,00 € netto) sind auf dem jeweiligen Bestandskonto mit den Anschaffungskosten zu erfassen (= **aktivieren**).

Buchung beim Kauf von geringwertigen Wirtschaftsgütern (Sammelposten)

Wirtschaftsgüter, die selbstständig nutzbar und beweglich sind und deren Anschaffungs- oder Herstellungskosten mehr als 150,00 €, aber nicht mehr als 1.000,00 € netto betragen, werden als **Sammelposten** bezeichnet. Für diese Wirtschaftsgüter gilt die sogenannte **Pool-Bewertung** (= **Sammelbewertung**). Sie werden auf einem separaten Konto (0895 SP = Sammelposten) buchhalterisch erfasst.

BEISPIEL

Die Fa. i-Run kauft eine Fräsmaschine gegen Rechnung, 1.050,00 € netto. Der Lieferer gewährt 10 % Rabatt. An Frachtkosten stellt er 50,00 € netto in Rechnung.

0895	SP	995,00 €				
2600	VORST	189,05 €	an	4400	VE	1.184,05 €

Die Buchung beim Kauf von Kleingütern

Nach § 6 Absatz 2 EStG werden bei den geringwertigen Wirtschaftsgütern die Kleingüter von den Sammelposten unterschieden. Als **Kleingüter** werden Anlagegüter bezeichnet, deren Anschaffungskosten 150,00 € netto (je Stück) nicht überschreiten und die selbstständig nutzbar und beweglich sind.

BEISPIEL

Die Fa. i-Run kauft fünf Bürostühle, die Eingangsrechnung beträgt 833,00 € brutto.
:1,19

6800	BMK	700,00 €				
2600	VORST	133,00 €	an	4400	VE	833,00 €

! **Kleingüter** werden sofort als **Aufwand** erfasst (= Sofortabschreibung).

4.2 Die Buchung des Instandhaltungsaufwands

Zum Erhaltungsaufwand zählen die Aufwendungen, die
- die Wesensart des Gegenstandes nicht verändern und
- den Gegenstand in ordnungsgemäßem Zustand erhalten sollen und
- regelmäßig in ungefähr gleicher Höhe wiederkehren.

Dazu gehören laufende Aufwendungen zur Instandhaltung, Pflege und Wartung.

BEISPIEL

Die Fa. i-Run lässt Malerarbeiten im Verwaltungsbereich durchführen. Die Rechnung beläuft sich auf 6.350,00 € netto.

6160	FRI	6.350,00 €				
2600	VORST	1.206,50 €	an	4400	VE	7.556,50 €

! Die werterhaltenden Maßnahmen werden als Aufwand auf dem Konto 6160 FRI gebucht!

4.3 Die Abschreibung auf Sachanlagen

Die Ursachen der Abschreibung

Anlagegüter stehen dem Unternehmen zwar langfristig zur Verfügung, dennoch ist ihre Nutzung zeitlich begrenzt (abnutzbares Anlagevermögen). Durch Nutzung kommt es zu einer **Wertminderung**, die unter anderem folgende **Ursachen** haben kann:

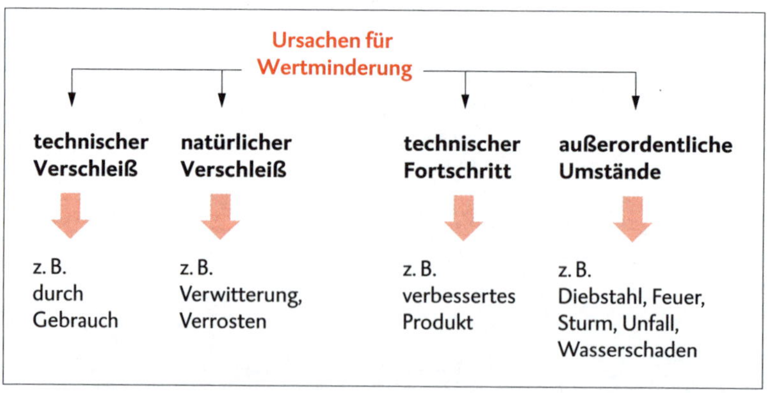

Unter Abschreibung versteht man die buchhalterische Erfassung der Wertminderung der Anlagegüter.

Im Einkommensteuerrecht (EStG) spricht man bei der Abschreibung von „**A**bsetzung **f**ür **A**bnutzung“ (**AfA**).

Auswirkungen und Bedeutung der Abschreibung

Abschreibungen sind Aufwendungen.

Abschreibungen

- werden als Kostenbestandteil kalkuliert
  ↓
  führen über den Preis zur Zufuhr flüssiger Mittel
  ↓
  Ersatzbeschaffung (Neuanschaffung) von Sachanlagen ist möglich
  ↓
  Substanzerhaltung des Betriebes
  (Selbstfinanzierung)
- beeinflussen als Aufwendungen den Gewinn
  ↓
  führen damit zur **Steuerersparnis**

Abschreibungen führen zu höheren Aufwendungen in der GUV-Rechnung, was einen geringeren Gewinn zur Folge hat. Dadurch wird die Versteuerungsbasis weniger.

Die Berechnung der Abschreibung

Lineare Abschreibung

Bei der linearen Abschreibung wird mit gleichbleibenden Beträgen (lt. §253 Absatz 3 HGB planmäßige Abschreibung) von den Anschaffungskosten abgeschrieben. Dabei geben die AfA-Tabellen (von der Finanzverwaltung) Auskunft über die Nutzungsdauer der Anlagegüter.

Grundstücke unterliegen keinem Wertverlust (durch Abnutzung oder technischen Fortschritt) und werden **nicht abgeschrieben**.

BEISPIEL

Die Fa. i-Run kauft am 15.01. eine PC-Anlage zum Preis von 4.500,00 €. Laut AfA-Tabelle beträgt die Nutzungsdauer drei Jahre.

Wie hoch sind die jährliche Abschreibung sowie der Abschreibungssatz?

$$\text{Abschreibungsbetrag} = \frac{\text{Anschaffungskosten}}{\text{Nutzungsdauer}} = \frac{4.500,00}{3} = \underline{\underline{1.500,00\ (€)}}$$

$$\text{Abschreibungssatz} = \frac{100\,\%}{\text{Nutzungsdauer}} = \frac{100}{3} = \underline{\underline{33\frac{1}{3}}}\ (\%)$$

Mittels Abschreibungsplan kann der Abschreibungsverlauf während der Nutzungsdauer dargestellt werden:

	lineare Abschreibung $33\frac{1}{3}$ %	
Anschaffungswert	4.500,00 €	
– Abschreibung 1. Jahr	1.500,00 €	
= Buchwert am Ende des 1. Jahres	3.000,00 €	
– Abschreibung 2. Jahr	1.500,00 €	
= Buchwert am Ende des 2. Jahres	1.500,00 €	
– Abschreibung 3. Jahr	1.500,00 €	(1.499,00 €)
= Buchwert am Ende des 3. Jahres	0,00 €	(1,00)

Die PC-Anlage ist nach drei Nutzungsjahren auf 0,00 € Endwert, also voll abgeschrieben. Bei weiterer betrieblicher Nutzung der Anlage wird sie mit 1,00 € Buchwert (= **Erinnerungswert**) in der Anlagenbuchführung weitergeführt. Somit beträgt der Abschreibungsbetrag im letzten Abschreibungsjahr 1.499,00 €.

Zeitanteilige Abschreibung bei Wirtschaftsgütern des Anlagevermögens

Sammelposten werden nicht zeitanteilig abgeschrieben.

Die Wirtschaftsgüter des Anlagevermögens (über 1.000,00 € Anschaffungskosten netto) werden **zeitanteilig** abgeschrieben, d. h., es wird nach Nutzungsmonaten (= **monatsanteilig**) abgeschrieben.

BEISPIEL

Die Fa. i-Run kauft am 22.03. einen Hubwagen zum Preis von 6.000,00 € netto. Laut AfA-Tabelle beträgt die voraussichtliche Nutzungsdauer acht Jahre.

Wie hoch sind die Abschreibungsbeträge im ersten und im letzten Jahr?

$$\text{jährlicher Abschreibungsbetrag} = \frac{6.000,00}{8} = 750,00\ (€)$$

$$\text{Abschreibung im 1. Jahr} = \frac{10}{12}\text{ des Jahres-AfA} = \frac{750,00 \cdot 10}{12} = \underline{\underline{625,00\ (€)}}$$

$$\text{Abschreibung im letzten Jahr} = \frac{2}{12}\text{ des Jahres-AfA} = \frac{750,00 \cdot 2}{12} = \underline{\underline{125,00\ (€)}}$$

! Bei den Abschreibungsmonaten sind angefangene Nutzungsmonate zu berücksichtigen, d. h., es wird auf volle Monate aufgerundet.

Die Buchung der Abschreibung

Abschreibung hochwertiger Anlagegüter

Die buchhalterische Erfassung des Werteverlusts erfolgt am Ende eines jeden Nutzungsjahrs mittels Abschreibung. Bei Anlagegütern mit Anschaffungskosten über 1.000,00 € netto wird die Abschreibung im Soll des Kontos 6520 Abschreibungen auf Sachanlagen und im Haben des jeweiligen aktiven Bestandskontos gebucht.

BEISPIEL

Die Anschaffungskosten für einen Lkw betragen insgesamt 243.000,00 € netto. Laut AfA-Tabelle beträgt die Nutzungsdauer neun Jahre.

$$\text{jährlicher Abschreibungsbetrag} = \frac{243.000,00}{9} = 27.000,00\ (€)$$

6520	ABSA	an	0840	FP	27.000,00 €

Die Abschreibungsbuchung führt zu einer Vermögensminderung im Haben des jeweiligen Anlagekontos, sodass auch der Restbuchwert abgebildet wird.

Abschreibung geringwertiger Wirtschaftsgüter

Die sogenannten Sammelposten (Anschaffungskosten von über 150,00 € bis 1.000,00 € netto) werden auf einem separaten Konto erfasst und über eine Dauer von fünf Jahren (= 20 % AfA) gleichmäßig (= linear) abgeschrieben.

BEISPIEL

Das Konto 0895 Sammelposten weist zum 31. 12. Anschaffungen aus dem laufenden Geschäftsjahr in Höhe von 3.950,00 € auf. Hierzu ist die Wertminderung von 20 % zu erfassen.

20 % von 3.950,00€ = 790,00€

6545	ABSP	an	0895	SP	790,00 €

4.4 Der Verkauf gebrauchter Anlagegüter

Das Konto 5410 EAAV dient dabei als Interimskonto (Übergangskonto) der EDV-gerechten Erfassung des Anlageverkaufs.

Um beim Verkauf gebrauchter Anlagegüter das umsatzsteuerpflichtige Entgelt erfassen zu können, erfolgt die buchhalterische Behandlung dieses Vorgangs in **zwei Teilbuchungssätzen:**

a) Die **Erfassung des Verkaufserlöses** (mithilfe des Übergangskontos).
b) Die **Ausbuchung des Buchwertes** (verbunden mit der Auflösung des Übergangskontos).

Beim Verkauf gebrauchter Anlagegüter können sich folgende Möglichkeiten ergeben:

1 Der Nettoverkaufserlös (NVE) entspricht dem Buchwert (→ weder Verlust noch Gewinn).
2 Der NVE ist größer als der Buchwert (→ hier entsteht ein Gewinn).
3 Der NVE ist kleiner als der Buchwert (→ hier entsteht ein Verlust).

Ein Vergleich von NVE und BW ist vor Erstellen des Buchungssatzes immer durchzuführen, um den Erfolg dieses Vorgangs zu ermitteln.

BEISPIEL – NVE entspricht Buchwert

Die Fa. i-Run verkauft eine gebrauchte Fräsmaschine für netto 24.000,00 € gegen Rechnung. Die Fräsmaschine hat einen Buchwert von 24.000,00 €.

NVE 24.000,00 € ←— entspricht —→ BW 24.000,00 €

a) **Buchung des Verkaufserlöses:**

2400	FO	28.560,00 €	an	5410	EAAV	24.000,00 €
				4800	UST	4.560,00 €

b) **Ausbuchung des Buchwertes (und Auflösen des Interimskontos):**

5410	EAAV	an	0700	MA	24.000,00 €

BEISPIEL – NVE größer als Buchwert

Die Fa. i-Run verkauft eine gebrauchte Fräsmaschine für netto 29.000,00 € gegen Rechnung. Die Fräsmaschine hat einen Buchwert von 24.000,00 €.

NVE 29.000,00 € ←→ BW 24.000,00 €

5.000,00 € Gewinn, da der NVE größer ist als der BW!

a) **Buchung des Verkaufserlöses:**

2400	FO	34.510,00 €	an	5410	EAAV	29.000,00 €
				4800	UST	5.510,00 €

b) **Ausbuchung des Buchwertes (und Auflösen des Interimskontos):**

5410	EAAV	29.000,00 €	an	0700	MA	24.000,00 €
				5460	EAVG	5.000,00 €

BEISPIEL – NVE kleiner als Buchwert

Die Fa. i-Run verkauft eine gebrauchte Fräsmaschine für netto 22.000,00 € gegen Rechnung. Die Fräsmaschine hat einen Buchwert von 24.000,00 €.

NVE 22.000,00 € ←→ BW 24.000,00 €

2.000,00 € Verlust, da der NVE kleiner ist als der BW!

a) **Buchung des Verkaufserlöses:**

2400	FO	26.180,00 €	an	5410	EAAV	22.000,00 €
				4800	UST	4.180,00 €

b) **Ausbuchung des Buchwertes (und Auflösen des Interimskontos):**

5410	EAAV	22.000,00 €				
6960	VAVG	2.000,00 €	an	0700	MA	24.000,00 €

5 Bewertung und Ausfall von Forderungen

5.1 Insolvenz und Insolvenzverfahren

Ein Forderungsausfall in bedeutender Höhe oder die Ansammlung mehrerer Forderungsausfälle zu einem bestimmten Zeitpunkt kann für ein Unternehmen – hinsichtlich der momentanen Zahlungsfähigkeit – dramatische Folgen haben.

Schlimmste Folge von Forderungsausfällen und Zahlungsschwierigkeiten

INSOLVENZ

- wird im Rahmen eines Insolvenzverfahrens abgewickelt
- Eröffnung des Verfahrens muss beim Insolvenzgericht beantragt werden
- Ablauf des Insolvenzverfahrens ist nach einzelnen Verfahrensschritten geregelt

Unter **Insolvenz** versteht man die Zahlungsunfähigkeit.

In der Umgangssprache wird häufig vom **Konkurs** bzw. von der Pleite gesprochen.

Die folgende Grafik gibt einen Überblick über die Anzahl der Insolvenzen in Deutschland.

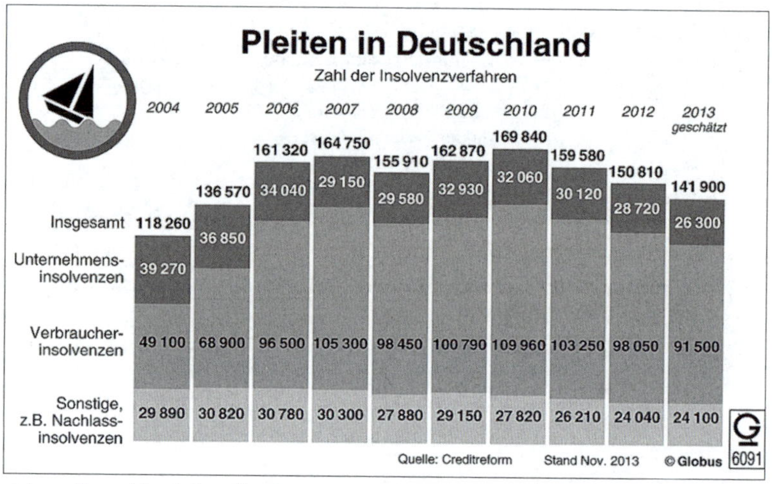

picture-alliance/ dpa-infografik

5.2 Forderungen und Forderungsausfall

Einteilung der Forderungen

Forderungen

einwandfreie Forderungen

Bei diesen Forderungen ist davon auszugehen, dass der **Kunde bei Fälligkeit zahlt**.

zweifelhafte Forderungen

Bei diesen Forderungen ist der **Zahlungseingang unsicher**. Sie werden auch als **Dubiose** bezeichnet. Hinweise auf zweifelhafte Forderungen:

- Kunde stellt Zahlungen ein;
- Kunde zahlt trotz wiederholter Mahnung nicht;
- gegen den Kunden wird ein Insolvenzverfahren beantragt.

uneinbringliche Forderungen

Bei diesen Forderungen steht der **Forderungsausfall fest** (kcin Zahlungseingang mehr). Dies ist der Fall, wenn

- das Insolvenzverfahren gegen einen Kunden mangels Masse (Vermögensmasse) eingestellt wurde;
- eine Zwangsvollstreckung gegen einen Kunden fruchtlos war;
- der Kunde die „Einrede der Verjährung" geltend macht.

Laufende Buchungen von Forderungen während des Jahres

Bei den einwandfreien sowie zweifelhaften Forderungen können sich während des Geschäftsjahres folgende Buchungen ergeben:

Einwandfreie Forderungen

BEISPIEL

Zielverkauf von Handelswaren, brutto 29.750,00 €

:1,19

2400	FO	29.750,00 E	an	5100	UEHW	25.000,00 €
				4800	UST	4.750,00 €

Beispiel – Zahlung innerhalb des Zahlungsziels

Der Kunde begleicht innerhalb des Zahlungsziels von 30 Tagen die HW-Rechnung per Banküberweisung, 29.750,00 €.

2800	BK	an	2400	FO	29.750,00 €

BEISPIEL – Zahlung innerhalb der Skontofrist

Der Kunde begleicht innerhalb der Skontofrist von 14 Tagen die HW-Rechnung über 29.750,00 € unter Abzug von 3 % Skonto per Banküberweisung.

Schema

Rechnungsbetrag	29.750,00 €	:1,19	750,00 €
– 3 % Skonto	892,50 €		
= Überweisungsbetrag	28.857,50 €		142,50 €

2800	BK	28.857,50 €				
5101	EBHW	750,00 €				
4800	UST	142,50 E	an	2400	FO	29.750,00 €

Zweifelhafte Forderungen

Zweifelhafte Forderungen müssen aus Gründen der Bilanzklarheit und Übersichtlichkeit (§243 HGB) von den einwandfreien Forderungen buch- und bilanzmäßig getrennt werden.

BEISPIEL

Der Kunde Flau stellt seine Zahlungen ein. Die Forderung an ihn beträgt 49.980,00 €.

2470	ZWFO	an	2400	FO	49.980,00 €

Abschreibung von Forderungsausfällen während des Jahres (direkte Abschreibung)

Direkte Abschreibung bedeutet, dass der ausfallende Forderungsbetrag **im Forderungskonto** (2470 ZWFO) **im Haben direkt ausgebucht** wird.

Abschreibung einer zweifelhaften Forderung

Fallen zweifelhafte Forderungen während des laufenden Geschäftsjahres aus (= uneinbringlich), müssen sie **direkt abgeschrieben** werden (§253 Absatz 3, 4 HGB).

BEISPIEL

Das vom Kunden Flau beantragte Insolvenzverfahren wird mangels Masse abgelehnt. Die zweifelhafte Forderung über 49.980,00 € ist somit uneinbringlich geworden.

						:1,19
6950	ABFO	42.000,00 € ←				
4800	UST	7.980,00 E	an	2470	ZWFO	49.980,00 €

> Die Abschreibung von einwandfreien und zweifelhaften Forderungen wird buchhalterisch immer auf dem Konto 6950 ABFO erfasst. Die Umsatzsteuerschuld vermindert sich, da sich durch den Forderungsausfall das tatsächliche Entgelt verringert.

Abschreibung einer einwandfreien Forderung

Wenn einwandfreie Forderungen während des laufenden Geschäftsjahres überraschend ausfallen, müssen auch diese direkt abgeschrieben werden.

Der Ausfall von einwandfreien Forderungen wird auf dem Konto 2400 FO im Haben ausgebucht.

BEISPIEL

Die Forderung gegenüber dem Kunden Klar wird überraschend uneinbringlich. Die Forderung an den Kunden Klar betrug 17.909,50 €.

						:1,19
6950	ABFO	15.050,00 € ←				
4800	UST	2.859,50 E	an	2400	FO	17.909,50 €

Abschreibung einer teilweise zweifelhaften Forderung

Im Rahmen eines Insolvenzverfahrens kann es sein, dass aufgrund einer geringeren Verteilungsmasse (= restliche verwertbare Insolvenzmasse) nicht alle Insolvenzforderungen gedeckt sind und somit die Gläubiger nur noch eine bestimmte Quote ihrer Forderungen, die sogenannte Insolvenzquote (= Zahlungseingang), erhalten.

Merkhilfe:
Bei der Verbuchung eines solchen Vorgangs bleiben die Konten immer gleich – Kontennummer und Kontenseite!

BEISPIEL

Der Kunde Flau überweist nach Abschluss des Insolvenzverfahrens 17.493,00 € (= 35 % Insolvenzquote) auf das Bankkonto. Die Forderung an den Kunden Flau betrug ursprünglich 49.980,00 €. Der Rest der Forderung ist endgültig verloren.
(Folgendes Schema ist zur Berechnung des tatsächlichen Forderungsausfalls immer erforderlich.)

		SOLL	HABEN
Zweifelhafte Forderung	49.980,00 € →		2470 ZWFO
– Zahlungseingang (Insolvenzquote)	17.493,00 € →	2800 BK	
= Bruttoausfall	32.487,00 € (: 119 x 19)		
– enthaltene Umsatzsteuer	5.187,00 € →	4800 UST	
= Nettoausfall	27.300,00 € →	6950 ABFO	

2800	BK	17.493,00 €				
6950	ABFO	27.300,00 €				
4800	UST	5.187,00 E	an	2470	ZWFO	49.980,00 €

! Bei der Abschreibung von Forderungsausfällen während des Jahres muss immer die Umsatzsteuer korrigiert werden, da der Ausfall feststeht und sich somit die Umsatzsteuerschuld mindert.

Zahlungseingang auf eine voll abgeschriebene Forderung

Zahlungseingänge auf eine bereits vollständig abgeschriebene Forderung führen dazu, dass die Umsatzsteuerpflicht wieder auflebt.

BEISPIEL

Für eine bereits vollständig abgeschriebene Forderung gehen wider Erwarten 4.343,50 € auf dem Bankkonto ein.

2800	BK	4.343,50 €	an	5495	EFO	3.650,00 €
				4800	UST	693,50 €

! Bei derartigen Zahlungseingängen ist der Überweisungsbetrag in einen Nettobetrag und die anteilige Umsatzsteuer aufzuspalten.

5.3 Bewertung der Forderungen am Jahresende (Vorbereitende Abschlussbuchung: VAB)

Bewertung von zweifelhaften Forderungen (Einzelwertberichtigung – EWB)

Laut §252 Absatz 1 Ziffer 3 HGB müssen zweifelhafte Forderungen zum Abschlusstag – Jahresabschluss – **einzeln** bewertet werden, d. h., es muss jede zweifelhafte Forderung auf ihren möglichen Wert (Ausfall bzw. Zahlungseingang) hin geprüft werden. Bei drohenden Verlusten muss lt. §253 Absatz 3 HGB der geschätzte Ausfall abgeschrieben werden, diese Abschreibung am Jahresende ist **indirekt** vorzunehmen.
Bei der indirekten Abschreibung von zweifelhaften Forderungen wird die Gegenbuchung nicht direkt auf dem Konto 2470 ZWFO (Aktivkonto), sondern auf einem eigenen Passivkonto (3670 EWB) getätigt.

Es wird nur der geschätzte **Ausfall** als **Einzelwertberichtigung** gebucht.

BEISPIEL

Für den Bestand der zweifelhaften Forderungen ist die Einzelwertberichtigung zu bilden. Für die Berechnung der Summe der geschätzten Ausfälle wurde folgendes Rechenblatt mittels Tabellenkalkulation erstellt:

	A	B	C	D	E	F
1						
2	Einzelwertberichtigung auf zweifelhafte Forderungen					
3						
4	Kunde	zweifelhafte Forderung brutto (in €)	anteilige Umsatzsteuer (in €)	zweifelhafte Forderung netto (in €)	geschätzter Ausfall (in %)	geschätzter Ausfall (in €)
5	Flau	14.280,00	2.280,00	12.000,00	75	9.000,00
6	Leicht	11.662,00	1.862,00	9.800,00	15	1.470,00
7	Quer	4.998,00	798,00	4.200,00	35	1.470,00
8		30.940,00	Summe der geschätzten Ausfälle			11.940,00

6950 ABFO an 3670 EWB 11.940,00 €

! Die indirekte Forderungsabschreibung wird netto gebucht, also ohne Berücksichtigung der Umsatzsteuer, da der wirkliche Ausfall noch nicht bekannt ist.

Anpassung der Einzelwertberichtigung

Nachdem sich der Bestand bei den zweifelhaften Forderungen im neuen Geschäftsjahr ändern kann, muss auch der Bestand der Einzelwertberichtigungen diesen neuen Gegebenheiten angepasst werden. Hierbei können sich zwei Möglichkeiten ergeben:

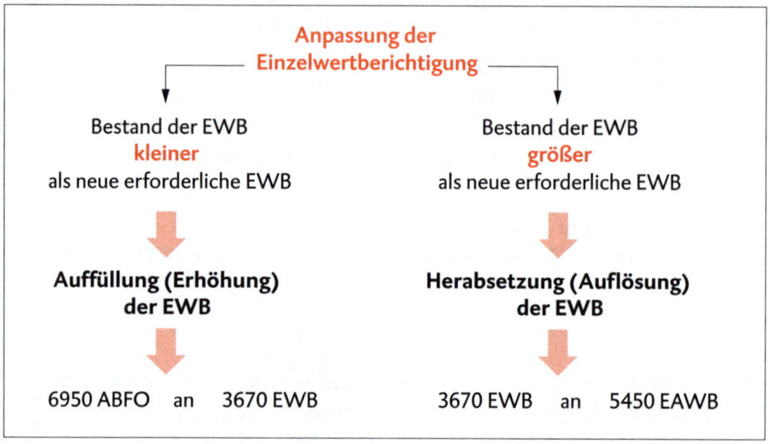

Die Auffüllung der EWB ist eine Aufwandsbuchung, die Herabsetzung der EWB führt zu einer Ertragsbuchung.

Bewertung der einwandfreien Forderungen (Pauschalwertberichtigung – PWB)

Bei der indirekten Abschreibung von einwandfreien Forderungen wird die Gegenbuchung nicht direkt auf dem Konto 2400 FO (Aktivkonto), sondern auf einem eigenen Passivkonto (3680 PWB) getätigt.

Bei der Bewertung der einwandfreien Forderungen am Jahresende ist das **allgemeine Kreditrisiko** (= Ausfallrisiko) zu berücksichtigen; dieses Risiko wird mittels Pauschalwertberichtigung erfasst, indem ein bestimmter Prozentsatz (Erfahrungswerte) von den einwandfreien **Nettoforderungen** indirekt abgeschrieben wird.

BEISPIEL

Der Bestand an einwandfreien Forderungen im Konto 2400 FO beträgt am Jahresende 416.500,00 €. Die Pauschalwertberichtigung ist mit 1 % zu bilden.

Berechnungsschema:

Einwandfreie Forderungen	416.500,00 €	: 119 x 19
– enthaltene Umsatzsteuer	66.500,00 €	
= Nettoforderungen	350.000,00 €	
davon 1 % PWB →	3.500,00 €	

6950	ABFO	an	3680 PWB	3.500,00 €

Die Berichtigung der Umsatzsteuer darf erst vorgenommen werden, wenn der wirkliche Ausfall feststeht.

Anpassung der Pauschalwertberichtigung

Auch der Bestand der einwandfreien Forderungen kann sich im neuen Geschäftsjahr ändern, was eine Anpassung der Pauschalwertberichtigung an diese neuen Gegebenheiten erforderlich macht.
Hierbei können sich zwei Möglichkeiten ergeben:

Anpassung der Pauschalwertberichtigung

Bestand der PWB **kleiner** als neue erforderliche PWB → **Auffüllung (Erhöhung) der PWB**

Bestand der PWB **größer** als neue erforderliche PWB → **Herabsetzung (Auflösung) der PWB**

BEISPIEL – Auffüllung der PWB

Das Konto 3680 PWB weist einen Bestand aus dem Vorjahr in Höhe von 3.500,00 € aus. Die einwandfreien Forderungen betragen aktuell zum Jahresabschluss 487.900,00 €. Es ist eine PWB von 1 % zu bilden.

Berechnungsschema:

Einwandfreie Forderungen	487.900,00 €	: 119 x 19
– enthaltene Umsatzsteuer	77.900,00 €	
= Nettoforderungen	410.000,00 €	
davon 1 % PWB (=erforderliche PWB)	4.100,00 €	
– vorhandene PWB (Vorjahr)	3.500,00 €	
= aufzufüllende PWB (Erhöhung)	*600,00 €	

*Aus dem Schema (das wesentlich für die Lösung ist!) wird nur der letzte Betrag (= letzte Zeile des zweiten Schemateils) gebucht! – Änderung der Risikobasis

6950	ABFO	an	3680 PWB	600,00 €

BEISPIEL – Herabsetzung der PWB

Im Konto 3680 PWB beträgt der Bestand aus dem Vorjahr 3.500,00 €. Die einwandfreien Forderungen betragen aktuell zum Jahresabschluss 362.950,00 €. Es ist eine PWB von 1 % zu bilden.

Berechnungsschema:

Einwandfreie Forderungen	362.950,00 €	: 119 x 19
– enthaltene Umsatzsteuer	57.950,00 €	
= Nettoforderungen	305.000,00 €	
davon 1 % PWB (=erforderliche PWB)	3.050,00 €	
– vorhandene PWB (Vorjahr)	3.500,00 €	
= aufzulösende PWB (Herabsetzung)	(–) 450,00 €	

3680	PWB	an	5450 EAWB	450,00 €

5.4 Hinweis auf Möglichkeiten der Absicherung von Forderungen (Factoring)

Unter Factoring versteht man den Verkauf von Geldforderungen aus Waren- und Dienstleistungsgeschäften, bei dem ein Finanzierungsinstitut (= Faktor) die Forderungen übernimmt und diese verwaltet. Der Verkäufer der Forderungen hat bei diesem Finanzierungsgeschäft nicht nur **Vorteile** – Steigerung der Liquidität, kein Ausfallrisiko, Arbeitsersparnis –, sondern auch **Nachteile** – höhere Kosten (Factoring-Gebühren), auch eine Verunsicherung der Kunden ist nicht ausgeschlossen.

Delkredere ist eine ähnliche, weitere Form der Risikoübernahme durch eine Gesellschaft.

6 Bestandsveränderungen

Um die Kosten der Lagerhaltung so gering wie möglich zu halten, kann die Herstellung mittels Just-in-time-Verfahren organisiert werden. Damit es zu keinen Produktionsverzögerungen kommt, ist trotzdem ein gewisser Mindestbestand (= **eiserner Bestand**) an Werkstoffen erforderlich.

Die Kostenminimierung gilt für die Lagerhaltung sowohl im Einkaufs- als auch im Verkaufsbereich.

Der Sofortverbrauch von Werkstoffen und Handelswaren wird auf **Aufwandskonten** erfasst, der Mindestbestand auf **Bestandskonten**.
Von Bestandsveränderungen spricht man, wenn sich Unterschiede zwischen Schlussbestand (SB) und Anfangsbestand (AB) ergeben.
Zwei Möglichkeiten können sich grundsätzlich bei den Bestandsveränderungen ergeben:

Bestandsveränderungen

Minderbestand	Mehrbestand
SB < AB	SB > AB

6.1 Bestandsveränderungen bei Werkstoffen und Handelswaren

Bestandsveränderungen bei Werkstoffen und Handelswaren

Ein **Minderbestand** ergibt sich, wenn der Schlussbestand kleiner ist als der Anfangsbestand, d. h., es wurden **mehr Werkstoffe verbraucht** (mehr Handelswaren verkauft) **als eingekauft**.

Ein **Mehrbestand** liegt vor, wenn der Schlussbestand größer ist als der Anfangsbestand, d. h., es wurden **weniger Werkstoffe verbraucht** (weniger Handelswaren verkauft) **als eingekauft**.

BEISPIEL – Minderbestand bei Betriebsstoffen

Der Anfangsbestand bei den Betriebsstoffen betrug 24.750,00 €. Der Schlussbestand, der laut Inventur ermittelt wurde, machte 20.750,00 € aus.

Berechnungsschema:

Schlussbestand lt. Inventur	20.750,00 €
– Anfangsbestand	24.750,00 €
= Minderbestand	(–) 4.000,00 €

6030 AWB an 2030 B 4.000,00 €

Der Minderbestand bedeutet einen höheren Aufwand, da dieser höhere Verbrauch zulasten der Vorperiode (vom eisernen Bestand) geht; der Gewinn wird deshalb geringer.

Kontenmäßige Darstellung des obigen Beispiels (Hinweis: Es wurden Betriebsstoffe für 15.000,00 € eingekauft.):

S	6030 AWB		H
4400	15.000,00	8020	19.000,00
2030	4.000,00		
	19.000,00		19.000,00

S	2030 B		H
8000	24.750,00	8010	20.750,00
		6030	4.000,00
	24.750,00		24.750,00

S	8020 GUV		H
6030	19.000,00		

S	8010 SBK		H
2030	20.750,00		

BEISPIEL – Mehrbestand bei Handelswaren

Der Anfangsbestand im Konto 6080 AWHW betrug 25.200,00 €. Der Schlussbestand, der laut Inventur ermittelt wurde, machte 34.050,00 € aus.

Berechnungsschema:

Schlussbestand lt. Inventur	34.050,00 €
– Anfangsbestand	25.200,00 €
= Mehrbestand	8.850,00 €

2280 HW an 6080 AWHW 8.850,00 €

Der Mehrbestand bedeutet einen geringeren Aufwand, somit wirkt sich dieser Mehrbestand positiv im GUV-Konto aus (siehe VAB).

Kontenmäßige Darstellung des obigen Beispiels (Hinweis: Es wurden Handelswaren im Wert von 48.750,00 € eingekauft.):

S	6080 AWHW		H
4400	48.750,00	2280	8.850,00
		8020	39.900,00
	48.750,00		48.750,00

S	2280 HW		H
8000	25.200,00	8010	34.050,00
6080	8.850,00		
	34.050,00		34.050,00

S	8020 GUV		H
6080	39.900,00		

S	8010 SBK		H
2280	34.050,00		

6.2 Bestandsveränderungen bei unfertigen und fertigen Erzeugnissen

Nicht nur im Einkaufsbereich, sondern auch im Verkaufsbereich muss ein Mindestbestand vorgehalten werden, um z. B. Kundenwünsche schnellstmöglich erfüllen zu können.

Unterschiede zwischen Schlussbestand und Anfangsbestand können dann bei den unfertigen und fertigen Erzeugnissen zu Minder- bzw. Mehrbeständen führen.

Das Konto 5200 BV hat eine Sonderstellung: Es erfasst sowohl Minderbestand als auch Mehrbestand und kann deshalb Aufwandscharakter oder Ertragscharakter haben.

BEISPIEL – Minderbestand bei fertigen Erzeugnissen

Der Anfangsbestand bei den fertigen Erzeugnissen betrug 55.500,00 €. Der Schlussbestand, der laut Inventur ermittelt wurde, machte 44.250,00 € aus.

Berechnungsschema:

Schlussbestand lt. Inventur	44.250,00 €
– Anfangsbestand	55.500,00 €
= Minderbestand	(–) 11.250,00 €

5200	BV	an	2200	FE	11.250,00 €

BEISPIEL – Mehrbestand bei unfertigen Erzeugnissen

Der Anfangsbestand bei den unfertigen Erzeugnissen betrug 70.500,00 €. Der Schlussbestand, der laut Inventur ermittelt wurde, machte 91.800,00 € aus.

Berechnungsschema:

Schlussbestand lt. Inventur	91.800,00 €
– Anfangsbestand	70.500,00 €
= Mehrbestand	21.300,00 €

2100	UFE	an	5200	BV	21.300,00 €

Kontenmäßige Darstellung der beiden Beispiele:

S	2100 UFE		H
8000	70.500,00	8010	91.800,00
5200	21.300,00		
	91.800,00		91.800,00

S	2200 FE		H
8000	55.500,00	8010	44.250,00
		5200	11.250,00
	55.500,00		55.500,00

S	5200 BV		H
2200	11.500,00	2100	21.300,00
8020	9.800,00		
	21.300,00		21.300,00

S	8010 SBK		H
2100	91.800,00		
2200	44.250,00		

Buchungssatz für den Abschluss des Kontos 5200 BV

→ Beim Überwiegen der Mehrbestände

5200	BV	an	8020	GUV	9.800,00 €

→ Beim Überwiegen der Minderbestände

8020	GUV	an	5200	BV

Jahrgangsstufe 10

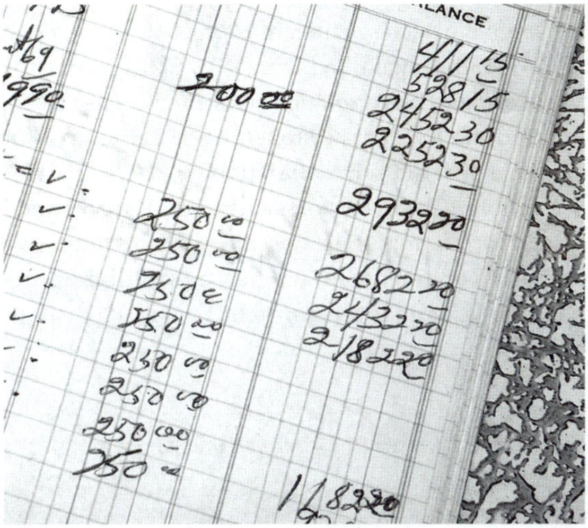

1 Periodenrichtige Erfolgsermittlung

1.1 Notwendigkeit einer periodenrichtigen Erfolgsermittlung

Zahlungsvorgang:
Einnahme bzw. Ausgabe
(Konten BK oder KA)

Erfolgsvorgang:
Ertrag bzw. Aufwand
(Konten z. B. AWR, UEFE)

Im Jahresabschluss soll der Erfolg des **vergangenen Geschäftsjahres** dargestellt werden. Im Laufe eines Geschäftsjahres ergeben sich jedoch **Zahlungsvorgänge** für Aufwendungen und Erträge (= **Erfolgsvorgänge**), die **verursachungsgemäß** teilweise auch dem neuen Geschäftsjahr zuzurechnen sind, und umgekehrt: Es stehen noch Zahlungen für Aufwendungen und Erträge aus, die **wirtschaftlich** zum Teil ins vergangene Geschäftsjahr gehören. Wenn erfolgswirksame Vorgänge sowohl das aktuelle als auch das kommende Geschäftsjahr betreffen, ist eine **zeitliche Abgrenzung** vorzunehmen, um den **tatsächlichen Erfolg** der vergangenen Geschäftsperiode zu ermitteln.

BEISPIEL

Überweisung der Kreditzinsen für November, Dezember und Januar erst Ende Januar.

31. Dez.

Erfolgsvorgang
(hier: Konto ZAW) teilweise schon im November und Dezember

Erfolgsvorgang + Zahlungsvorgang
(hier: Konto ZAW, Konto: BK) im Januar

! Bei der zeitlichen Rechnungsabgrenzung ist es hilfreich, eine Zeitgerade anzulegen.

Die zeitliche Rechnungsabgrenzung ist aus zwei Gründen von großer Bedeutung:

- **steuerlicher Grund:** Die Aufwendungen und Erträge gehen in die GUV-Rechnung ein. Diese wird bei der Berechnung der Steuerschuld zugrunde gelegt. Würden die Aufwendungen und Erträge dem falschen Jahr zugeordnet, so wäre folglich auch die Höhe der ermittelten Steuerschuld nicht korrekt (zu hoch/zu niedrig).
- **betriebswirtschaftlicher Grund:** Die GUV-Rechnung wird der Kalkulation der Verkaufspreise der hergestellten Erzeugnisse und der Handelswaren zugrunde gelegt. Wäre die GUV-Rechnung nicht korrekt, so würden falsche Preise kalkuliert. Dies könnte z. B. zu Wettbewerbsnachteilen führen.

1.2 Buchung der zeitlichen Rechnungsabgrenzung

Zur zeitlichen Rechnungsabgrenzung werden diese Konten benötigt:
- **2900 ARA** (Aktive Rechnungsabgrenzung)
- **4900 PRA** (Passive Rechnungsabgrenzung)
- **4890 SOVE** (Sonstige Verbindlichkeiten)
- **2690 SOFO** (Sonstige Forderungen)

Zur Ermittlung des richtigen Kontos ist es sinnvoll, stets folgende vier Fragen zu stellen, um schließlich den Buchungssatz zu bilden.

WANN erfolgt die Zahlung?	im Nachhinein		im VoRaus	
VON WEM erfolgt die Zahlung?	von anderen	von i-Run	von anderen	von i-Run
Welches **KONTO** wird also benötigt?	**SOFO**	**SOVE**	**PRA**	**ARA**
Liegt der **SONDERFALL** (vgl. Jahrgangsstufe 10, Kapitel 1.3) vor?	ja/nein	ja/nein	–	–

Merkhilfe:
Bei Zahlungen im VoRaus kommen nur die Konten mit „**R**" infrage.

! Die Buchungssätze zur Abgrenzung am 31. Dezember sind **vorbereitende Abschlussbuchungen**.

Zahlung im Nachhinein

BEISPIEL – SOFO

Die Bank schreibt der Fa. i-Run für eine Geldanlage 1.050,00 € Zinsen für die Monate August bis Februar gut. Die Gutschrift erfolgt am 28. Februar.

Aug./Sept./Okt./Nov./Dez.	31. Dez. **Jan./Feb.**
1.050,00 € : 7 Monate · 5 Monate = 750,00 €	1.050,00 € : 7 Monate · 2 Monate = 300,00 €

→ Am 31. Dez. bestehen noch **Forderungen** an die Bank in Höhe von 750,00 €, da der Ertrag zum vergangenen Geschäftsjahr gehört.

Buchung am 31. Dez.: Abgrenzung

2690	**SOFO**		an	5710	ZE	**750,00 €**

Buchung am 28. Feb.: Zahlung

2800	BK	1.050,00 €	an	**2690**	**SOFO**	**750,00 €**
				5710	ZE	300,00 €

Die vier Fragen:
1. **WANN?** im Nachhinein
2. **VON WEM?** von anderen
3. **KONTO?** 2690 SOFO
4. **SONDERFALL?** nein (vgl. Jahrgangsstufe 10, Kapitel 1.3)

Die vier Fragen:
1 **WANN?**
im Nachhinein
2 **VON WEM?**
von i-Run
3 **KONTO?**
4890 SOVE
4 **SONDERFALL?**
nein (vgl. Jahrgangsstufe 10, Kapitel 1.3)

BEISPIEL – SOVE

Die Überweisung einer Leasingrate über 600,00 € netto für November bis Januar erfolgt erst am 20. Januar des neuen Geschäftsjahres.

Nov./Dez.	31. Dez. Jan.
600,00 € : 3 Monate · 2 Monate = 400,00 €	600,00 € : 3 Monate · 1 Monat = 200,00 €

→ Am 31. Dez. bestehen noch **Verbindlichkeiten** gegenüber der Leasingfirma, da der Aufwand zum vergangenen Geschäftsjahr gehört.

Buchung am 31. Dez.: Abgrenzung

6710	LS	400,00 €				
2600	VORST	76,00 €	an	**4890**	**SOVE**	**476,00 €**

Buchung am 20. Jan.: Zahlung

4890	**SOVE**	**476,00 €**				
6710	LS	200,00 €				
2600	VORST	38,00 €	an	2800	BK	714,00 €

! Bei **Zahlungen im Nachhinein** müssen Aufwand (hier: LS) bzw. Ertrag (hier: ZE) und bei steuerpflichtigen Vorgängen die Steuer **anteilig** gebucht werden.

Zahlung im Voraus

Die vier Fragen:
1 **WANN?**
im Voraus
2 **VON WEM?**
von anderen
3 **KONTO?**
4900 PRA
4 **SONDERFALL?**
–

BEISPIEL – PRA

Die momentan nicht benötigte Lagerhalle ist an eine andere Firma vermietet. Die Zahlungen für Dezember bis März in Höhe von 3.400,00 € netto gehen bereits am 01. Dezember ein.

Dez.	31. Dez. Jan./Feb./März
3.400,00 € : 4 Monate · 1 Monat = 850,00 €	3.400,00 € : 4 Monate · 3 Monate = 2.550,00 €

→ i-Run hat den gesamten Betrag bereits erhalten (Merkhilfe: ein anderer hat gezahlt, i-Run selbst war dabei **passiv**).
Am 31. Dez. befinden sich 2.550,00 € auf dem Bankkonto, die nicht in das vergangene Geschäftsjahr gehören.

Buchung am 01. Dez.: Zahlung

2800	BK	4.046,00 €	an	5400	EMP	3.400,00 €
				4800	UST	646,00 €

Buchung am 31. Dez.: Abgrenzung

5400	EMP		an	**4900**	**PRA**	**2.550,00 €**

BEISPIEL – ARA

Überweisung der Grundsteuer am 01. August für das komplette Jahr im Voraus, 6.960,00 €.

31. Dez.

Aug./Sept./Okt./Nov./Dez.	**Jan./Feb./März/Apr./Mai/Jun./Jul.**
6.960,00 € : 12 Monate · 5 Monate = 2.900,00 €	6.960,00 € : 12 Monate · 7 Monate = 4.060,00 €

→ i-Run hat den gesamten Betrag bereits bezahlt (Merkhilfe: i-Run hat gezahlt und war somit selbst **aktiv**).
Am 31. Dez. sind 4.060,00 € bereits abgebucht, obwohl der Aufwand erst in den Folgemonaten entsteht.

Buchung am 01. Aug.: Zahlung

7020	GRST	an	2800	BK	6.960,00 €

Buchung am 31. Dez.: Abgrenzung

2900	**ARA**	an	7020	GRST	**4.060,00 €**

Die vier Fragen:

1 **WANN?** im Voraus

2 **VON WEM?** von i-Run

3 **KONTO?** 2900 ARA

4 **SONDERFALL?** –

! Bei **Zahlungen im Voraus** müssen Aufwand (hier: GRST) bzw. Ertrag (hier: EMP) **anteilig** gebucht werden. Es wird stets der Nettowert abgegrenzt. Falls ein steuerpflichtiger Vorgang vorliegt, wird die Steuer **vollständig bei der Zahlung** gebucht.

1.3 Sonderfall

Liegt ein Aufwand oder Ertrag **vollständig im alten Jahr**, erfolgt die **Begleichung aber erst im neuen Jahr**, so ist **keine** zeitliche Abgrenzung notwendig. → Die Erfassung derartiger Geschäftsfälle am 31. Dezember erfolgt auf den Konten **4400 VE** bzw. **2400 FO**.

BEISPIEL – Forderung

Eingang der Dezembermiete für die Garage erst im Januar, 60,00 € netto.

Buchung am 31. Dez.:

2400	**FO**	71,40 €	an	5400	EMP	60,00 €
				4800	UST	11,40 €

BEISPIEL – Verbindlichkeit

Eine Rechnung für eine Werbeanzeige in Höhe von 540,00 € netto liegt bereits am 31. Dezember vor. Sie wird jedoch erst im neuen Jahr beglichen.

Buchung am 31. Dez.:

6870	WER	540,00 €				
2600	VORST	102,60 €	an	**4400**	**VE**	642,60 €

1.4 Eröffnungs- und Abschlussbuchungssätze rund um die neuen Konten

31. Dezember:

8010 SBK an 2690 SOFO
8010 SBK an 2900 ARA

Gebucht wird der Saldo des jeweiligen Kontos!

01. Januar

2690 SOFO an 8000 EBK
2900 ARA an 8000 EBK

Gebucht wird der Betrag aus dem Eröffnungsbilanzkonto!

2690 SOFO und 2900 ARA (Aktivkonten!)

4890 SOVE und 4900 PRA (Passivkonten!)

31. Dezember:

4890 SOVE an 8010 SBK
4900 PRA an 8010 SBK

Gebucht wird der Saldo des jeweiligen Kontos!

01. Januar

8000 EBK an 4890 SOVE
8000 EBK an 4900 PRA

Gebucht wird der Betrag aus dem Eröffnungsbilanzkonto!

2 Rückstellungen als besondere Form der periodenrichtigen Erfolgsermittlung

2.1 Begriffsklärung und -abgrenzung

Rückstellungen sind für Verbindlichkeiten, Verluste oder Aufwendungen zu bilden, deren **Höhe** und **Fälligkeit** am Bilanzstichtag **noch nicht feststehen** (vgl. § 249 HGB). Nach dem **Vorsichtsprinzip** müssen sie jedoch in die Bilanz des abgelaufenen Geschäftsjahres aufgenommen werden.

Rückstellungen werden beispielsweise in folgenden Fällen gebildet:

- Aufwendungen für ungewisse Verbindlichkeiten, z. B. einen laufenden Gerichtsprozess (6770 RBK)
- unterlassene Aufwendungen für Instandhaltung, z. B. Reparaturen (6160 FRI)
- ...

Vorsichtsprinzip:
Bei der Bilanzierung müssen alle Risiken und Verluste angemessen berücksichtigt werden.

Hinweis: In der Realschule sind hier nur die Konten 6770 RBK und 6160 FRI relevant.

Rückstellungen dürfen nicht mit den Sonstigen Verbindlichkeiten verwechselt werden:

Rückstellungen	Sonstige Verbindlichkeiten
Die Höhe des fälligen Betrages ist am Bilanzstichtag noch unklar.	Die Höhe des fälligen Betrages steht am Bilanzstichtag fest.
Der Tag der Fälligkeit ist am Bilanzstichtag noch nicht bekannt.	Der Tag der Fälligkeit steht am Bilanzstichtag fest.
Die Zahlung erfolgt erst im neuen Geschäftsjahr.	

2.2 Bildung von Rückstellungen

Um im Rahmen der **vorbereitenden Abschlussbuchungen** am 31. Dezember Rückstellungen zu bilden, wird das Konto **3900 SORST** benötigt.

BEISPIEL

Im Unternehmen i-Run ist am 30. Dezember des Geschäftsjahres eine Stanzmaschine defekt und muss repariert werden. Der Kundendienst, der die Reparatur erst im neuen Geschäftsjahr durchführen kann, legt einen Kostenvoranschlag in Höhe von 850,00 € netto vor.

6160	FRI	an	**3900**	**SORST**	850,00 €

> **!** Bei der Bildung von Rückstellungen muss stets der **Nettowert** gebucht werden, da es sich beim Betrag um eine **Schätzung** handelt. Die Umsatzsteuer darf erst bei der Auflösung der Rückstellung erfasst werden.

2.3 Auflösung von Rückstellungen

Rückstellungen dürfen im neuen Geschäftsjahr **erst aufgelöst werden, wenn der Grund für deren Bildung entfallen ist**. Dies ist der Fall, wenn Höhe und Fälligkeit endgültig feststehen.
Bei der Auflösung von Rückstellungen können vier Fälle eintreten:

Die Schätzung des Betrags war

- ① **exakt richtig**
- ② **zu niedrig** → periodenfremder Aufwand (6990 PFAW)
- ③ **zu hoch** → periodenfremder Ertrag (5490 PFE)
- ④ Rückstellung ist **gegenstandslos** geworden → periodenfremder Ertrag (5490 PFE)

Merkhilfe:
Der bei der Auflösung auf dem Konto SORST gebuchte Betrag ist stets der gleiche wie bei der Bildung der Rückstellung am Bilanzstichtag.

FALL 1

Nach der Reparatur der Stanzmaschine geht am 10. Januar des neuen Geschäftsjahres die Rechnung ein. Sie beträgt 850,00 € netto.

Rückstellung	850,00 €
– tatsächlicher Aufwand, netto	850,00 €
=	0,00 €

3900	SORST	850,00 €				
2600	VORST	161,50 €	an	4400	VE	1.011,50 €

FALL 2

Nach der Reparatur der Stanzmaschine geht am 10. Januar des neuen Geschäftsjahres die Rechnung ein. Sie beträgt 930,00 € netto.

Rückstellung	850,00 €
– tatsächlicher Aufwand, netto	930,00 €
= periodenfremder Aufwand	–80,00 €

3900	SORST	850,00 €				
6990	**PFAW**	80,00 €				
2600	VORST	176,70 €	an	4400	VE	1.106,70 €

FALL 3

Nach der Reparatur der Stanzmaschine geht am 10. Januar des neuen Geschäftsjahres die Rechnung ein. Sie beträgt 860,37 € brutto (= 723,00 € netto).

Rückstellung	850,00 €
– tatsächlicher Aufwand, netto	723,00 €
= periodenfremder Ertrag	127,00 €

3900	SORST	850,00 €				
2600	VORST	137,37 €	an	4400	VE	860,37 €
				5490	**PFE**	127,00 €

FALL 4

Die Firmenleitung beschließt am 10. Januar des neuen Geschäftsjahres, die Stanzmaschine nun doch nicht mehr reparieren zu lassen.

Rückstellung	850,00 €
– tatsächlicher Aufwand, netto	0,00 €
= periodenfremder Ertrag	850,00 €

3900	SORST	an	**5490**	**PFE**	850,00 €

3 Jahresabschluss und Auswertung

3.1 Durchführung eines Geschäftsganges

Im Laufe eines Geschäftsjahres sind im Rahmen der Buchführung zahlreiche Aufgaben zu erledigen. Sie bilden folgenden Kreislauf:

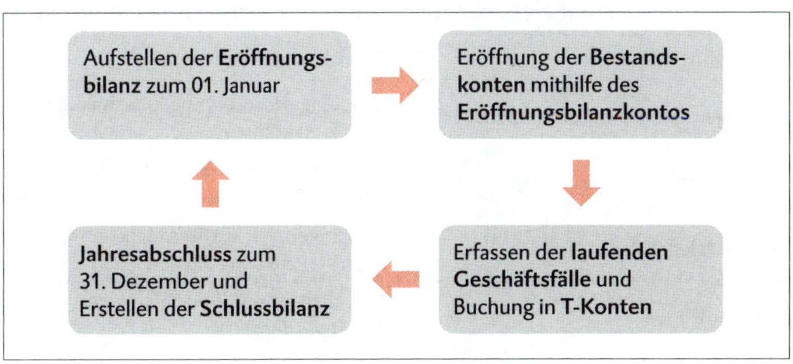

Das **Eröffnungsbilanzkonto** ist das Spiegelbild der Eröffnungsbilanz.

Die **Schlussbilanz** ist zugleich die Eröffnungsbilanz des nächsten Geschäftsjahres.

Der **Jahresabschluss** bis hin zur Schlussbilanz setzt sich aus mehreren Schritten zusammen:

1. vorbereitende Abschlussbuchungen

- Bewertung des Anlage- und Umlaufvermögens (Abschreibungen, Einzel- und Pauschalwertberichtigung)
- Erfassung von Bestandsveränderungen im Eingangs-/Ausgangslager
- Periodenrichtige Erfolgsermittlung (Sonstige Forderungen/Verbindlichkeiten, aktive/passive Rechnungsabgrenzung, Rückstellungen)
- Abschluss der Unterkonten (Bezugskosten, Nachlässe, Erlösberichtigungen, Privatkonto)

2. Abschlussbuchungen

1 Abschluss der Erfolgskonten (= Aufwands- und Ertragskonten)
2 Abschluss des GUV-Kontos
3 Abschluss der Bestandskonten

! Diese Reihenfolge muss beim Kontenabschluss immer eingehalten werden.

3.2 Betriebswirtschaftliche Auswertung des Jahresabschlusses

Jahresabschluss = **Bilanz + GUV-Rechnung**

Anhand der Daten des Jahresabschlusses kann man sich ein Bild von der aktuellen wirtschaftlichen Lage eines Unternehmens machen. Eine aussagekräftige Einschätzung erhält man durch die **Unternehmensanalyse**. Diese teilt sich in drei Schritte auf:

1 Aufbereitung der Bilanz und der GUV-Rechnung
2 Berechnung der Kennzahlen
3 Beurteilung der Kennzahlen

Die Unternehmensanalyse ist für mehrere Personengruppen interessant:

Personengruppe	Grund für das Interesse
Management des Unternehmens	Grundlage, um künftige Entscheidungen treffen zu können
Beschäftigte im Unternehmen	z. B. Auskunft über Sicherheit des eigenen Arbeitsplatzes
Kapitalanleger	Entscheidungshilfe für möglichen Zu- oder Verkauf von Anteilen
Kreditinstitute	Grundlage für die Beurteilung der Kreditwürdigkeit
…	…

Auf Basis der Daten aus der Analyse sind zwei Vergleiche möglich:

interner Betriebsvergleich = **Zeitvergleich**	**externer** Betriebsvergleich = **Branchenvergleich**
→ Gegenüberstellung von Jahresabschlüssen des **eigenen** Unternehmens aus verschiedenen Geschäftsjahren	→ Gegenüberstellung des Jahresabschlusses des eigenen Unternehmens und der Jahresabschlüsse **anderer** Unternehmen der gleichen Branche

Bilanz und GUV-Rechnung enthalten meist sehr viele einzelne Positionen. Diese werden für die Analyse in sachlich zusammengehörige Posten zusammengefasst, um die darauf folgende Berechnung der Kennzahlen zu erleichtern.

Aufbereitung der Bilanz

AKTIVA	Bilanz zum 31. Dezember ... (in €)		PASSIVA
A. Anlagevermögen		**A. Eigenkapital**	1.370.945,30
1. Unbebaute Grundstücke	218.000,00		
2. Bebaute Grundstücke	438.000,00	**B. Fremdkapital**	
3. Betriebs- u. Verwaltungsgebäude	720.000,00	1. Einzelwertberichtigung	9.390,13
		2. Pauschalwertberichtigung	2.900,00
4. Maschinen u. Anlagen	315.000,00	3. Sonstige Rückstellungen	2.700,00
5. Fuhrpark	183.000,00	4. Kurzfristige Bankverb.	285.000,00
6. Büromaschinen	115.000,00	5. Langfristige Bankverb.	893.000,00
7. Büroausstattung	67.000,00	6. Verbindlichkeiten aus LL	167.391,05
8. Sammelposten	8.400,00	7. Umsatzsteuer	80.012,72
		8. Sonstige Verb. gegenüber dem Finanzamt	17.345,00
B. Umlaufvermögen			
1. Rohstoffe	212.000,00	9. Verb. gegenüber Sozialversicherungträgern	35.012,00
2. Fremdbauteile	36.000,00		
3. Hilfsstoffe	14.500,00	10. Übrige sonstige Verb.	1.200,00
4. Betriebsstoffe	6.700,00	11. Passive Rechnungsabgr.	3.200,00
5. Unfertige Erzeugnisse	97.000,00		
6. Fertige Erzeugnisse	58.500,00		
7. Handelswaren	29.000,00		
8. Forderungen	145.978,00		
9. Zweifelhafte Forderungen	18.945,00		
10. Vorsteuer	57.478,36		
11. Übrige sonstige Ford.	1.230,00		
12. Wertpapiere	14.760,00		
13. Bank	75.952,10		
14. Kasse	28.351,74		
15. Aktive Rechnungsabgr.	7.301,00		
	2.868.096,20		2.868.096,20

Zur Vereinfachung werden Posten, die dem Wesen nach ähnlich sind, zusammengefasst.

AKTIVA	aufbereitete Bilanz (in €)		PASSIVA
A. Anlagevermögen		**A. Eigenkapital**	1.370.945,30
Sachanlagen	2.064.400,00		
B. Umlaufvermögen		**B. Fremdkapital**	
Vorräte	453.700,00	langfristig	893.000,00
Forderungen	218.642,23	kurzfristig	591.860,77
flüssige Mittel	119.063,84		
	2.855.806,07		2.855.806,07

Die Beträge der aufbereiteten Bilanz lassen sich durch Addition der einzelnen Posten aus der ursprünglichen Bilanz bilden.
Lediglich der Posten „Forderungen“ bildet hier eine Ausnahme
(= FO + ZWFO + VORST + SOFO + ARA – **EWB** – **PWB**).

Aufbereitung der Gewinn- und Verlustrechnung

Nach der Zusammenfassung gleichartiger Posten kann die aufbereitete GUV-Rechnung entweder in **Konto-** oder in **Staffelform** dargestellt werden.

Dem **Kontenplan** kann entnommen werden, welche Konten die zusammengefassten Posten enthalten.

Darstellung in Kontoform

S	aufbereitete GUV-Rechnung (in €)		H
Materialaufwand	827.157,00	Umsatzerlöse	1.451.005,00
Personalaufwand	318.000,00	Erhöhung des Bestandes an UFE u. FE	3.500,00
Abschreibungen auf Anlagevermögen	58.412,00	Sonstige betriebliche Erträge	18.985,00
Sonstige betriebliche Aufwendungen	24.965,00	Zinsen und ähnliche Erträge	16.345,00
Steuern	78.000,00		
Zinsen und ähnliche Aufwendungen	35.857,00		
Jahresüberschuss	147.444,00		
	1.489.835,00		1.489.835,00

Darstellung in Staffelform

Umsatzerlöse	1.451.005,00
+/– Bestandserhöhung/Bestandsminderung	3.500,00
+ Sonstige betriebliche Erträge	18.985,00
– Materialaufwand	827.157,00
– Personalaufwand	318.000,00
– Abschreibungen auf Anlagevermögen	58.412,00
– Sonstige betriebliche Aufwendungen	24.965,00
+ Zinsen und ähnliche Erträge	16.345,00
– Zinsen und ähnliche Aufwendungen	35.857,00
= Ergebnis der gewöhnlichen Geschäftstätigkeit	225.444,00
– Steuern	78.000,00
= **Gesamtergebnis (Jahresüberschuss oder -fehlbetrag)**	147.444,00

Die Berechnung und Beurteilung von Kennzahlen

In der Realschule werden vier verschiedene Kennzahlen betrachtet:

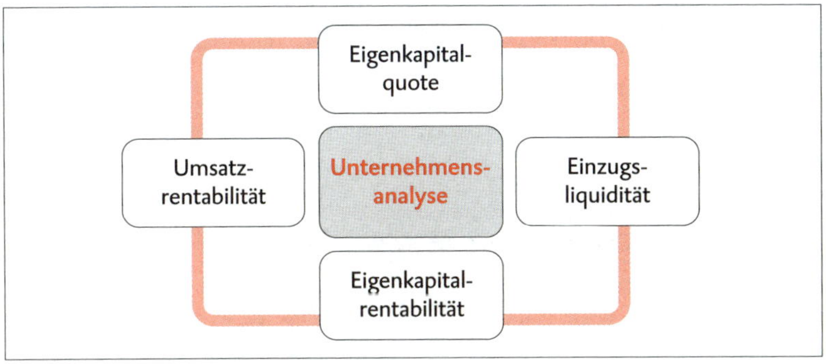

Eigenkapitalquote (= Finanzierung)

Diese Kennzahl gibt das Verhältnis des Eigenkapitals zum Gesamtkapital eines Unternehmens und damit den Anteil der betriebseigenen Mittel an der gesamten Finanzierung wieder.

$$\textbf{Eigenkapitalquote} = \frac{\text{Eigenkapital} \cdot 100}{\text{Gesamtkapital}}$$

Fremdkapitalquote = 100 % – Eigenkapitalquote

BEISPIEL

Berechnung der Eigenkapitalquote auf Basis der aufbereiteten Bilanz (vgl. S. 132)

Berechnung: $\text{Eigenkapitalquote} = \frac{1.370.945,30 \cdot 100}{2.855.806,07} = \underline{\underline{48,01\,(\%)}}$

Beurteilung: Da der **Idealwert** bei **50 % oder mehr** liegt, ist der erzielte Wert noch als gut einzustufen.

Eine „gute" EK-Quote ist notwendig, um

- in wirtschaftlich schlechten Situationen finanziell unabhängig zu sein,
- kreditwürdig zu sein,
- durch Rückzahlungen von Krediten und Zinsaufwendungen nur wenig belastet zu sein.

Um eine unzureichende EK-Quote zu verbessern, kann ein Unternehmen versuchen, Fremd- durch Eigenkapital zu ersetzen. Dies ist beispielsweise durch Privateinlagen möglich.

Einzugsliquidität

Diese Kennzahl spiegelt die Zahlungsfähigkeit eines Unternehmens wider und gibt damit Auskunft darüber, ob ein Unternehmen seinen Zahlungsverpflichtungen fristgemäß nachkommen kann.

$$\textbf{Einzugsliquidität} = \frac{(\text{flüssige Mittel} + \text{Forderungen}) \cdot 100}{\text{kurzfristiges Fremdkapital}}$$

BEISPIEL

Berechnung der Einzugsliquidität auf Basis der aufbereiteten Bilanz (vgl. S. 132)

Berechnung: $\text{Einzugsliquidität} = \frac{(119.063{,}84 + 218.642{,}23) \cdot 100}{591.860{,}77} = \underline{\underline{57{,}06\ (\%)}}$

Beurteilung: Um seinen Zahlungsverpflichtungen jederzeit nachkommen zu können, müsste die Einzugsliquidität bei einem **Idealwert von 100 %** liegen. Damit ist der hier erzielte Wert als schlecht zu beurteilen. Hält dieses Ungleichgewicht an, droht die **Insolvenz** der Firma. Ein Wert von deutlich über 100 % wäre jedoch auch nicht erstrebenswert, da in diesem Fall flüssige Mittel nicht gewinnbringend angelegt sind. Man spricht von „**totem Kapital**".

Um eine unzureichende Einzugsliquidität zu verbessern, stehen einem Unternehmen mehrere Möglichkeiten zur Verfügung:

- Umwandlung von kurzfristigem Fremdkapital in langfristiges Fremdkapital
- Beschleunigung des Mahnverfahrens, um Forderungen an Kunden schneller einzutreiben
- Verkauf nicht mehr benötigter Sachanlagen, z. B. Maschinen, um die flüssigen Mittel zu erhöhen
- Absatzsteigerung, z. B. durch Werbung (Vorsicht vor dadurch verursachten zusätzlichen Kosten!)

Eigenkapitalrentabilität (= Eigenkapitalrendite)

Diese Kennzahl setzt den Jahresüberschuss ins Verhältnis zum Eigenkapital am Jahresanfang. Sie drückt also aus, ob das eingesetzte Kapital eines Unternehmens eine angemessene Verzinsung erzielt hat und somit rentabel gearbeitet wurde.

$$\textbf{Eigenkapitalrentabilität} = \frac{\text{Jahresüberschuss} \cdot 100}{\text{Eigenkapital}_{\text{Anfangsbestand}}}$$

Jahresüberschuss/-fehlbetrag und Privatentnahmen/-einlagen sind die einzigen Posten, die das Konto EK verändert haben können.

BEISPIEL

Berechnung der Eigenkapitalrentabilität auf Basis der aufbereiteten Bilanz und der GUV-Rechnung (vgl. S. 132). Für die Berechnung des EK-Anfangsbestandes sind zusätzliche Angaben nötig: Privateinlagen 20.000,00 €; Privatentnahmen 98.650,00 €.

Eigenkapital Schlussbestand (vgl. S. 132)	1.370.945,30 €
– Jahresüberschuss (bzw. + Jahresfehlbetrag)	147.444,00 €
– Privateinlagen	20.000,00 €
+ Privatentnahmen	98.650,00 €
= Eigenkapital Anfangsbestand	1.302.151,30 €

$$\text{Eigenkapitalrentabilität} = \frac{147.444,00 \cdot 100}{1.302.151,30} = \underline{\underline{11,32\,(\%)}}$$

Beurteilung: Da die Geschäftstätigkeit das eingesetzte Kapital um 11,32 % erhöht hat und diese Verzinsung deutlich über dem **aktuellen Kapitalmarktzins** (2014: 0,5–1,5 %) liegt, ist der erzielte Wert als sehr gut zu beurteilen.

Der Gewinn muss mehrere Bestandteile decken:

Unternehmerlohn	Risikoprämie	Eigenkapitalzins	echter Unternehmergewinn
Arbeitsentgelt für den Unternehmer	Ausgleich für das Wagnis einer unternehmerischen Tätigkeit	Ausgleich dafür, dass das EK im Betrieb investiert und somit nicht regulär verzinst wird	Restwert nach Abzug der anderen drei Bestandteile

Um eine unzureichende Eigenkapitalrentabilität zu verbessern, stehen einem Unternehmen mehrere Möglichkeiten zur Verfügung:

- Kostensenkungen durch günstigeren Materialeinkauf oder Rationalisierungsmaßnahmen
- Erhöhung der Verkaufspreise bei unveränderten Kosten

Umsatzrentabilität

Diese Kennzahl setzt den Jahresüberschuss ins Verhältnis zu den Umsatzerlösen. Sie drückt damit aus, wie viel Prozent der Umsatzerlöse dem Unternehmen als Gewinn zugeflossen sind.

➡ **Umsatzrentabilität** $= \frac{\text{Jahresüberschuss} \cdot 100}{\text{Umsatzerlöse}_{\text{FE und HW}}}$

BEISPIEL

Berechnung der Umsatzrentabilität auf Basis der aufbereiteten GUV-Rechnung (S. 132)

Berechnung: Umsatzrentabilität $= \frac{147.444{,}00 \cdot 100}{1.451.005{,}00} = \underline{\underline{10{,}16\,(\%)}}$

Beurteilung: Um 10,16 € Gewinn zu erzielen, mussten Waren zu einem Preis von 100,00 € netto verkauft werden. Da bereits ab einem Wert von **5 %** von einem **guten Ergebnis** gesprochen wird, ist der erzielte Wert als sehr gut zu beurteilen.
Liegt die Umsatzrentabilität **unter 1 %,** hat das Unternehmen in Bezug auf den Gewinnanteil an den erzielten Umsatzerlösen **schlecht** gearbeitet.

Die nachfolgende Übersicht fasst nochmals die wichtigsten Fakten zur Berechnung und Beurteilung von Kennzahlen zusammen:

Kennzahl	Berechnung	Beurteilung
Eigenkapitalquote	$\frac{\text{Eigenkapital} \cdot 100}{\text{Gesamtkapital}}$	ideal bei ca. 50 % oder mehr
Einzugsliquidität	$\frac{(\text{flüssige Mittel} + \text{Forderungen}) \cdot 100}{\text{kurzfristiges Fremdkapital}}$	ideal bei ca. 100 %
Eigenkapitalrentabilität	$\frac{\text{Jahresüberschuss} \cdot 100}{\text{Eigenkapital}_{\text{Anfangsbestand}}}$	ideal, wenn über dem aktuellen Kapitalmarktzins
Umsatzrentabilität	$\frac{\text{Jahresüberschuss} \cdot 100}{\text{Umsatzerlöse}_{\text{FE und HW}}}$	ideal ab ca. 5 %

! Die Beurteilung einer Kennzahl besteht immer aus einer Bewertung (sehr gut, gut, mittel, schlecht o. ä.) und einer Begründung (…, weil der Idealwert bei … liegen würde).

3.3 Die Unternehmensphilosophie

Viele Unternehmen geben eine schriftliche Erklärung darüber ab, welchen **übergeordneten Prinzipien** sie bei ihrer wirtschaftlichen Tätigkeit folgen wollen und an welchem **Selbstverständnis** sie sich orientieren. Dabei können sie Schwerpunkte in unterschiedlichen Bereichen setzen:

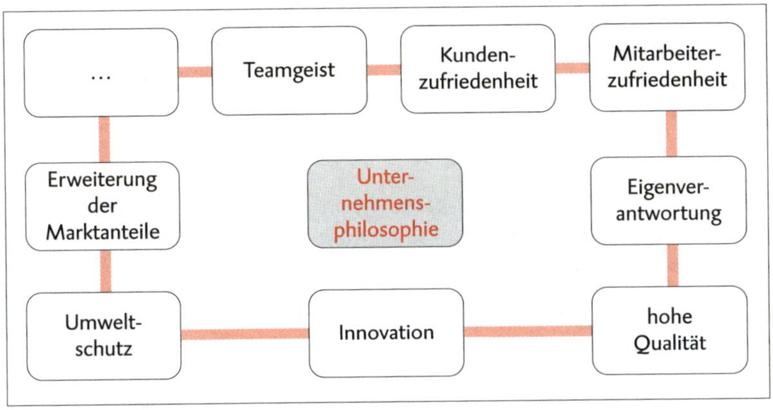

Die Unternehmensphilosophie bietet den Mitarbeitern Orientierung bei ihrem täglichen Handeln und vermittelt der Öffentlichkeit, wofür ein Unternehmen steht.

BEISPIEL

Im Internet, in Werbeprospekten u. Ä. präsentiert sich i-Run folgendermaßen:

„Wir verstehen uns als **zukunftsorientiertes** und **verantwortungsbewusstes** Unternehmen, in dem die ständige Entwicklung neuer, **innovativer** Produkte im Einklang mit der **Rücksichtnahme auf unsere Umwelt** vonstattengehen soll."

3.4 Der Firmenwert (= Goodwill)

Der Firmenwert wird auch als **Unternehmensmehrwert** bezeichnet, da dies der Betrag ist, den ein möglicher Käufer zusätzlich zum eigentlichen Vermögenswert der Firma zu zahlen bereit ist.

Firmenwert = Kaufpreis – Vermögenswert
= Kaufpreis – (Gesamtvermögen – Schulden)

BEISPIEL

Die Fa. i-Run überlegt, ein konkurrierendes Unternehmen aufzukaufen. Der bisherige Eigentümer fordert einen Preis von 2.500.000,00 €, wobei sich das Vermögen der Firma auf 1.925.000,00 € beläuft. Der Schuldenstand beträgt lediglich 180.000,00 €.

Firmenwert = 2.500.000,00 € – (1.925.000,00 € – 180.000,00 €)
= 2.500.000,00 € – 1.745.000,00 €
= 755.000,00 €

Falls sich die Fa. i-Run für die Übernahme des Unternehmens entscheidet, müssten ihr Faktoren wie Bekanntheitsgrad, Infrastruktur u. Ä. 755.000,00 € wert sein.

Die Höhe des Firmenwertes kann neben der Vermögenslage von verschiedensten Faktoren beeinflusst werden:

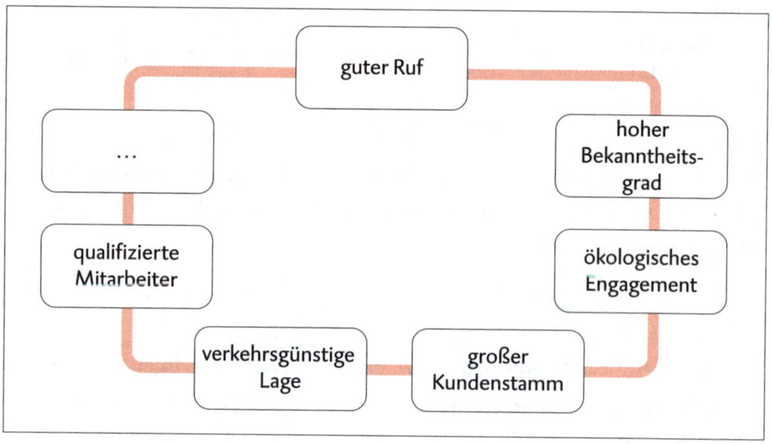

4 Kosten- und Leistungsrechnung in einem Fertigungsunternehmen

4.1 Verbindung von Geschäfts- und Betriebsbuchführung

Grundbegriffe

Um entscheiden zu können, wie erfolgreich ein Unternehmen gewirtschaftet hat, reicht es **nicht** aus, sich die Höhe des Jahresüberschusses aus der GUV-Rechnung anzusehen. Diese enthält nämlich auch Positionen, die nichts mit dem eigentlichen Unternehmenszweck zu tun haben. So verfremdet z. B. der Posten „Erträge aus Wertpapierverkäufen" (5784 EAWP) den Unternehmenserfolg nach oben hin.

Aus diesem Grund werden die Positionen der GUV-Rechnung aufgegliedert.

Zum eigentlichen Unternehmenszweck gehört alles, was mit **Beschaffung, Produktion** und **Absatz** zu tun hat.

Achtung:
Einnahmen und **Ausgaben** betreffen die Konten BK und KA und gehen nicht in das GUV-Konto ein.

S — GUV — H

Aufwendungen		Erträge	
neutrale Aufwendungen	betriebsbezogene Aufwendungen = **Kosten**	betriebsbezogene Erträge = **Leistungen**	neutrale Erträge
↕	↕	↕	↕
• betriebsfremd • außerordentlich • periodenfremd	stehen in Zusammenhang mit Beschaffung, Produktion, Absatz	stehen in Zusammenhang mit Beschaffung, Produktion, Absatz	• betriebsfremd • außerordentlich • periodenfremd

Diese Positionen gehen in die **Kosten- und Leistungsrechnung** ein.

> **!** Im Kontenplan sind die Aufwendungen, die zugleich Kosten sind, und die Erträge, die zugleich Leistungen sind, mit einem * gekennzeichnet. Alle anderen Aufwands- und Ertragskonten werden als neutral angesehen.

Entsprechend unterscheidet man die Rechnungskreise I und II.

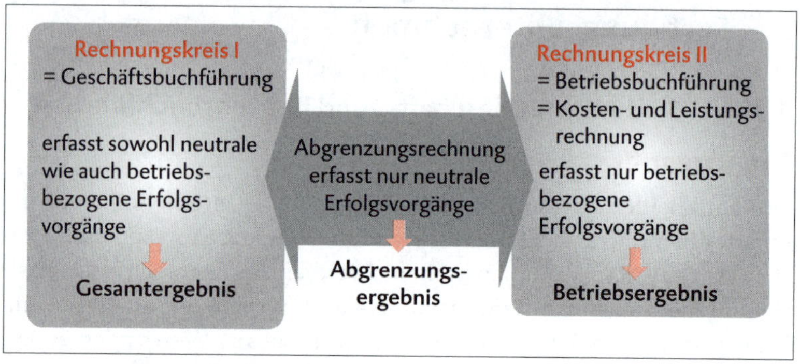

Aufgaben der Kosten- und Leistungsrechnung

Die Kosten- und Leistungsrechnung wird auch als Betriebsbuchführung bezeichnet. Während die Geschäftsbuchführung für die meisten Unternehmen verpflichtend ist, ist die Aufstellung der Kosten- und Leistungsrechnung stets **freiwillig** und unterliegt deshalb **kaum gesetzlichen Regelungen**.
Ihre Durchführung empfiehlt sich, um genaue Aussagen über die Wirtschaftlichkeit des Betriebes und einzelner Bereiche treffen zu können.
Die weiteren Aufgaben der Betriebsbuchführung sind:

- Erfassung aller Kosten und Leistungen
- Selbstkostenermittlung eines Produktes zur Preisfestsetzung
- Gewinnung von Informationen als Grundlage für Entscheidungen z. B. über Eigen- oder Fremdproduktion, eventuelle Preisänderungen oder die Absetzung der Produktion eines bestimmten Produktes

Vom Gesamtergebnis zum Betriebsergebnis

Um aus den Daten der Geschäftsbuchführung (= Rechnungskreis I) die für die Betriebsbuchführung (= Rechnungskreis II) benötigten Daten zu erhalten, wird die **Abgrenzungsrechnung** durchgeführt.

Dabei sind mehrere Schritte notwendig:

Übernahme der Werte aus der GUV-Rechnung → Herausfiltern der neutralen Aufwendungen und Erträge → Ersetzen von korrekturbedürftigen Aufwendungen → Gegenüberstellung von Kosten und Leistungen

In der Regel können alle Kosten aus den Aufwendungen der Geschäftsbuchführung herausgefiltert werden. Es gibt jedoch zwei **korrekturbedürftige Aufwendungen:**

<table>
<tr><th colspan="2">Anderskosten
(= kalkulatorische Abschreibungen)</th><th>Zusatzkosten
(= kalkulatorischer Unternehmerlohn)</th></tr>
<tr><td>bilanzmäßige Abschreibung:</td><td>kalkulatorische Abschreibung:</td><td rowspan="6">Der selbstständige Unternehmer zahlt sich für seine Tätigkeit kein Gehalt aus. Lediglich Privatentnahmen werden auf „3000 P“ gebucht. Dies erscheint aber nicht im GUV-Konto.

In der Kosten- und Leistungsrechnung wird jedoch dieses „Gehalt“ zusätzlich berücksichtigt. Es wird ein fiktiver Betrag gewählt, der dem Gehalt eines Geschäftsführers in dieser Position entspricht.</td></tr>
<tr><td colspan="2">Ausgangswert</td></tr>
<tr><td>Anschaffungskosten (z. B. 20.000,00 €)</td><td>geschätzter Wiederbeschaffungswert (22.000,00 €)</td></tr>
<tr><td colspan="2">Nutzungsdauer</td></tr>
<tr><td>lt. Afa-Tabelle
(z. B. 10 Jahre)</td><td>entsprechend der tatsächlichen Nutzung
(z. B. 12 Jahre)</td></tr>
<tr><td colspan="2">Daraus ergibt sich ein anderer Betrag für die Abschreibungen, der in der Kosten- und Leistungsrechnung berücksichtigt wird (z. B. 2.000,00 € oder 1.833,33,00 €)</td></tr>
</table>

Anderskosten: Kosten, die im Vergleich zur Geschäftsbuchführung mit anderen Werten in die KLR übernommen werden

Zusatzkosten: Kosten, die in der Geschäftsbuchführung überhaupt nicht erfasst werden, aber in der KLR zu berücksichtigen sind

Die Abgrenzungsrechnung wird nun mittels der sogenannten **Ergebnistabelle** durchgeführt (Beträge in €).

ERGEBNISTABELLE								
Rechnungskreis I			Rechnungskreis II					
Gesamtergebnisrechnung (8020 GUV)			Abgrenzungsrechnung				Betriebsergebnisrechnung (92 KL)	
			(90 NAWE)		(91 KKOR)			
Konto	Aufwendungen	Erträge	neutrale Aufw.	neutrale Erträge	Aufw. lt. RK I	verrechnete Kosten	Kosten	Leistungen
	– 1	+	– 3	+	–	+	– 3	+
5000		5.887.000,00						5.887.000,00
5400		3.000,00		3.000,00				
5710		960,00		960,00				
6000	1.890.843,00						1.890.843,00	
6020	110.082,00						110.082,00	
6030	298.100,00						298.100,00	
6160	2.350,00						2.350,00	
6200	1.380.000,00						1.380.000,00	
6300	376.920,00						376.920,00	
6400	683.459,00					2	683.459,00	
6520	98.475,00				98.475,00	40.000,00	40.000,00	
6730	8.510,00						8.510,00	
6820	823,00						823,00	
6900	23.684,00						23.684,00	
6950	24.078,00		24.078,00					
7000	18.780,00					2	18.780,00	
7510	4.650,00						4.650,00	
k. U-L.						72.000,00	72.000,00	
Summe 4	4.920.754,00	5.890.960,00	24.078,00	3.960,00	98.475,00	112.000,00	4.910.201,00	5.887.000,00
Gewinn/Verlust 5	+970.206,00 U-Gewinn			–20.118, neutraler Verlust	+13.525, kostenrech. Gewinn		+976.799,00 Betriebsgewinn	
Gesamt	5.890.960,00	5.890.960,00	24.078,00	24.078,00	112.000,00	112.000,00	5.887.000,00	5.887.000,00
	Gesamtergebnis (970.206,00)		**neutrales Ergebnis**		**Ergebnis aus KKOR**		**Betriebsergebnis** (976.799,00)	
			Abgrenzungsergebnis (–6.593,00)					

Es empfiehlt sich dabei folgende Vorgehensweise:

1 Übernahme aller Aufwendungen und Erträge aus der GUV-Rechnung in den RK I

2 Eintragung der **vorgegebenen** kalkulatorischen Kosten (Abschreibungen und Unternehmerlohn) und Gegenüberstellung der Abschreibungen laut GUV-Rechnung

Auf * im Kontenplan achten!

3 Aufteilung der verbleibenden Aufwendungen und Erträge aus dem RK I in neutrale Aufwendungen/Erträge bzw. Kosten/Leistungen

4 Berechnung der Summen

5 Ermittlung der Differenzen und damit des Betriebsergebnisses

! Die Ergebnistabelle wurde korrekt bearbeitet, wenn am Ende folgende Gleichung aufgeht (vgl. Ergebnistabelle S. 142):

Betriebsergebnis	**+ Abgrenzungsergebnis**	**= Gesamtergebnis**
976.799,00	+ (–6.593,00)	= 970.206,00 (€)

4.2 Vollkostenrechnung bei Einzelfertigung

Eine wichtige Aufgabe der Kosten- und Leistungsrechnung ist die **Selbstkostenermittlung eines Produktes** und die daraus resultierende **Kalkulation des Verkaufspreises**. Zu diesem Zweck wird die Vollkostenrechnung eingesetzt, bei der im Gegensatz zur Teilkostenrechnung sämtliche Kosten den Kostenträgern zugeordnet werden. Hierbei ist es notwendig, zwei Fertigungsarten zu unterscheiden.

Serienfertigung	Einzelfertigung
• identische Produkte • jedes einzelne Produkt trägt den gleichen Anteil an den Gesamtkosten.	• keine völlig identischen Produkte • unterschiedliche Selbstkosten für jedes Produkt
⇩	⇩
Selbstkosten pro St. = $\frac{\text{Gesamtkosten}}{\text{Gesamtmenge}}$	**Zuordnung der Kosten zu jedem einzelnen Produkt (= Kostenträger)**

Um bei Einzelfertigung die konkreten Kosten eines einzelnen Produktes zuordnen und daraus den entsprechenden Preis kalkulieren zu können, sind mehrere Schritte nötig:

1 Kostenartenrechnung
2 Kostenstellenrechnung
3 Kostenträgerrechnung
4 Kostenkontrollrechnung

Die Kostenartenrechnung

Die Kostenartenrechnung unterteilt die unterschiedlichen Kosten in drei Bereiche und beantwortet die Frage **„Welche Kosten sind einem bestimmten Produkt zuzuordnen und welche nicht?“**.

KT = Kostenträger (= Produkt/Produktgruppe)

KOSTENARTEN	
Einzelkosten	... können dem KT **direkt zugeordnet** werden. → Fertigungsmaterial (= AWR), Fertigungslöhne
Sondereinzelkosten	... können dem KT **auch direkt zugeordnet** werden, fallen aber nur selten an. → z. B. Kauf von Spezialwerkzeug, Patente
Gemeinkosten	... können dem KT **nicht direkt zugeordnet** werden und betreffen mehrere KT gleichzeitig. → z. B. Stromkosten, Miete ↓ Da eine direkte Zuordnung auf den KT nicht möglich oder extrem aufwendig wäre, werden die Gemeinkosten den **betrieblichen Bereichen zugeordnet**, in denen sie entstanden sind (= **Kostenstellen**).

Die Kostenstellenrechnung

Jedes Produkt verursacht bei seiner Herstellung Gemeinkosten. Diese werden mithilfe der Kostenstellenrechnung dem einzelnen Erzeugnis zugeordnet.

1. Schritt: Die Kostenstellenrechnung **verteilt zunächst die Gemeinkosten verursachungsgerecht auf die einzelnen Entstehungsbereiche**.

KOSTENSTELLEN		
Kostenstelle I **Materialbereich**	→	Zuordnung der **Materialgemeinkosten (MGK)** z. B. Lohn Lagerist
Kostenstelle II **Fertigungsbereich**	→	Zuordnung der **Fertigungsgemeinkosten (FGK)** z. B. Abschreibung für MA
Kostenstelle III **Verwaltungsbereich**	→	Zuordnung der **Verwaltungsgemeinkosten (VwGK)** z. B. Gehalt für Buchhalter
Kostenstelle IV **Vertriebsbereich**	→	Zuordnung der **Vertriebsgemeinkosten (VtGK)** z. B. Abschreibung für FP

!

Die Verteilung der Gemeinkosten auf den Ort ihrer Entstehung erfolgt entweder **direkt**, wenn Belege wie z. B. Lohnlisten vorliegen, oder **indirekt** mithilfe sogenannter **Kostenverteilungsschlüssel**.

- Mengenschlüssel: z. B. Stromkosten nach kWh, Miete nach qm
- Zeitschlüssel: z. B. Betriebsstoffe nach Maschinenstunden, Hilfslöhne nach Arbeitsstunden
- Wertschlüssel: z. B. Versicherungen nach Höhe der Versicherungssumme, Sozialabgaben nach Höhe der entsprechenden Gehälter

Ausgehend von einem Kostenverteilungsbogen werden die Gemeinkosten eines Abrechnungszeitraumes meist in tabellarischer Form, im **Betriebsabrechnungsbogen (BAB)**, den vier Kostenstellen zugeordnet.

KS = Kostenstelle

KOSTENVERTEILUNGSBOGEN						
Gemein-kostenarten	**Summe (in €)**	**Verteilungs-schlüssel**	**KS I Material**	**KS II Fertigung**	**KS III Verwaltung**	**KS IV Vertrieb**
Hilfsstoffe	110.082,00	Belege	8.806,00 €	82.561,00 €	6.604,00 €	12.111,00 €
Betriebsstoffe*	298.100,00	Maschinenstd.	184	815	–	217
Reparaturen	2.350,00	Belege	–	1.425,00 €	925,00 €	–
Gehälter	376.920,00	Gehaltslisten	11.307,00 €	218.613,00 €	139.460,00 €	7.540,00 €
Sozialkosten	683.459,00	Verhältnis	7	143	39	5
kalk. Abschreib.	40.000,00	lt. Anlagen-buchführung	4.000,00 €	22.000,00 €	6.000,00 €	8.000,00 €
Steuern	18.780,00	Verhältnis	1	4	3	2
versch. Kosten	37.667,00	Verhältnis	0,5	3,5	4	2
kalk. U-Lohn	72.000,00	Prozentzahlen	10 %	45 %	22,5 %	22,5 %

BETRIEBSABRECHNUNGSBOGEN					
Gemein-kostenarten	**Summe (in €)**	**KS I Material (in €)**	**KS II Fertigung (in €)**	**KS III Verwaltung (in €)**	**KS IV Vertrieb (in €)**
Hilfsstoffe	110.082,00	8.806,00	82.561,00	6.604,00	12.111,00
Betriebsstoffe*	298.100,00	45.107,24	199.795,64	0,00	53.197,12
Reparaturen	2.350,00	0,00	1.425,00	925,00	0,00
Gehälter	376.920,00	11.307,00	218.613,00	139.460,00	7.540,00
Sozialkosten	683.459,00	24.660,89	503.786,79	137.396,40	17.614,92
kalk. Abschreib.	40.000,00	4.000,00	22.000,00	6.000,00	8.000,00
Steuern	18.780,00	1.878,00	7.512,00	5.634,00	3.756,00
versch. Kosten	37.667,00	1.883,35	13.183,45	15.066,80	7.533,40
kalk. U-Lohn	72.000,00	7.200,00	32.400,00	16.200,00	16.200,00
∑ Gemein-kosten	**1.639.358,00**	**104.842,48 (MGK)**	**1.081.276,88 (FGK)**	**327.286,20 (VwGK)**	**125.952,44 (VtGK)**

(*) **Berechnungsbeispiel „Betriebsstoffe“**

gesamte Maschinenstunden:	184 + 815 + 0 + 217 = 1.216 (h)
Kosten für KS I:	298.100,00 : 1.216 · 184 = 45.107,24 (€)
Kosten für KS II:	298.100,00 : 1.216 · 815 = 199.795,64 (€)
Kosten für KS IV:	298.100,00 : 1.216 · 217 = 53.197,12 (€)

2. Schritt: Nachdem die Gemeinkosten je Kostenstelle ermittelt wurden, soll eine Verteilung auf den **einzelnen** Kostenträger erfolgen. Da jedoch jeder Kostenträger die Kostenstellen unterschiedlich stark beansprucht, muss ein prozentualer Anteil abhängig von einer Vergleichsgrundlage gefunden werden. Hat beispielsweise ein Kostenträger hohe Einzelkosten für Fertigungsmaterial, so wird er auch die Kostenstelle Materialbereich intensiv in Anspruch nehmen. Deswegen müssen die sogenannten **Gemeinkostenzuschlagsätze** berechnet werden.

Materialgemeinkostenzuschlagsatz

Die Materialgemeinkosten werden ins Verhältnis zu den in der KS I anfallenden Einzelkosten Fertigungsmaterial gesetzt.

➡ **MGK-Zuschlagsatz** $(\%) = \frac{\text{Materialgemeinkosten} \cdot 100}{\text{Fertigungsmaterial}} = \frac{\textbf{MGK} \cdot \textbf{100}}{\textbf{FM}}$

Die Zahlenwerte sind dem BAB (S. 145) und der Ergebnistabelle (S. 142) entnommen.

BEISPIEL

$$\text{MGK-Zuschlagsatz} = \frac{104.842,48 \cdot 100}{1.890.843,00} = \underline{\underline{5,54\,(\%)}}$$

d. h., auf ein Produkt mit Rohstoffkosten in Höhe von z. B. 30,00 € werden 1,66 € (= 5,54 %) Materialgemeinkosten aufgeschlagen.

Materialkosten (MK) = FM + MGK

$1.890.843,00 + 104.842,48 = \underline{\underline{1.995.685,48\ (€)}}$

Fertigungsgemeinkostenzuschlagsatz

Die Fertigungsgemeinkosten werden ins Verhältnis zu den in der KS II anfallenden Einzelkosten Fertigungslöhne gesetzt.

➡ **FGK-Zuschlagsatz** $(\%) = \frac{\text{Fertigungsgemeinkosten} \cdot 100}{\text{Fertigungslöhne}} = \frac{\textbf{FGK} \cdot \textbf{100}}{\textbf{FL}}$

BEISPIEL

$$\text{FGK-Zuschlagsatz} = \frac{1.081.276,88 \cdot 100}{1.380.000,00} = \underline{\underline{78,35\,(\%)}}$$

Fertigungskosten (FK) = FL + FGK + Sondereinzelkosten d. Fertigung (FSK)
1.380.000,00 + 1.081.276,88 + 0,00 = 2.461.276,88 (€)

Die Kosten in Verwaltung und Vertrieb sind umso höher, je mehr Produkte abgesetzt werden, d. h. je mehr Umsatz erzielt wird. Deshalb ist zur Bestimmung einer Berechnungsgrundlage der VwGK und der VtGK folgende Berechnung notwendig:

HKdE: alle Kosten, die in einer Abrechnungsperiode durch die Produktion der Produkte entstanden sind

HKdU: alle Kosten, die in einer Abrechnungsperiode durch die Produktion aller umgesetzter Produkte, also einschließlich Veränderungen im Lager, entstanden sind

Materialkosten (MK)
\+ Fertigungskosten (FK)
= Herstellkosten der Erzeugung (HKdE)
\+ Bestandsminderung an UFE/FE
– Bestandsmehrungen an UFE/FE
= **Herstellkosten des Umsatzes (HKdU)**

BEISPIEL

Materialkosten (MK)	1.995.685,48 €
+ Fertigungskosten (FK)	2.461.276,88 €
= Herstellkosten der Erzeugung (HKdE)	4.456.962,36 €
+ Bestandsminderung an UFE/FE	46.840,00 €
– Bestandsmehrungen an UFE/FE	13.870,00 €
= **Herstellkosten des Umsatzes (HKdU)**	4.489.932,36 €

Die Werte für die Bestandsveränderungen sind vorgegeben.

Verwaltungsgemeinkostenzuschlagsatz

VwGK-Zuschlagsatz (%)

$$\text{VwGK-Zuschlagsatz}\,(\%) = \frac{\text{Verwaltungsgemeinkosten} \cdot 100}{\text{Herstellkosten des Umsatzes}} = \frac{\textbf{VwGK} \cdot \textbf{100}}{\textbf{HKdU}}$$

BEISPIEL

$$\text{VwGK-Zuschlagsatz} = \frac{327.286,20 \cdot 100}{4.489.932,36} = \underline{\underline{7,29\,(\%)}}$$

Vertriebsgemeinkostenzuschlagsatz:

$$\textbf{VtGK-Zuschlagsatz}\ (\%) = \frac{\text{Vertriebsgemeinkosten} \cdot 100}{\text{Herstellkosten des Umsatzes}} = \frac{\textbf{VtGK} \cdot \textbf{100}}{\textbf{HKdU}}$$

BEISPIEL

$$\text{VtGK-Zuschlagsatz} = \frac{125.952,44 \cdot 100}{4.489.932,36} = \underline{\underline{2,81(\%)}}$$

Die Zuschlagsätze für VwGK und VtGK werden oft zu einem **Vw/VtGK-Zuschlagsatz** zusammengefasst. Dies ist möglich, da sie die gleiche Zuschlagsgrundlage haben (HKdU).
→ hier: 7,29 % + 2,81 % =10,10 %

Übersicht „Von der GUV-Rechnung bis zur Kostenstellenrechnung"

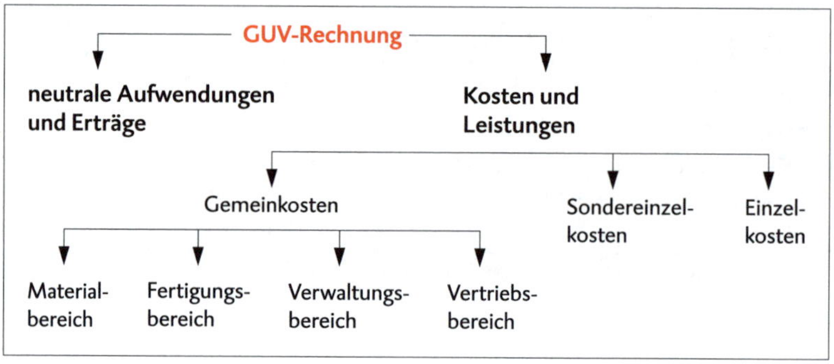

Die Kostenträgerrechnung

Mithilfe der Kostenträgerrechnung kann nun endgültig das anfängliche Ziel – die **Kalkulation des Verkaufspreises eines Produktes** – erreicht werden.

Kostenträgerzeitrechnung

Mithilfe der Kostenträgerzeitrechnung werden die **gesamten Kosten** ermittelt, die die Kostenträger **in einer Abrechnungsperiode** verursacht haben. Man spricht von den **Selbstkosten des Umsatzes**. Diese Berechnung wird auch als **Gesamtkalkulation** bezeichnet.

Bis zu den HKdU wurden die bereits berechneten Beträge verwendet. Bei einer Neuberechnung mit den angegebenen Prozentsätzen ergeben sich Rundungsdifferenzen.

BEISPIEL

	%	€	€
Fertigungsmaterial (FM)	**100**	1.890.843,00	
+ Materialgemeinkosten (MGK)	5,54	104.842,48	
= Materialkosten (MK)			1.995.685,48
Fertigungslöhne (FL)	**100**	1.380.000,00	
+ Fertigungsgemeinkosten (FGK)	78,35	1.081.276,88	
+ Sondereinzelkosten der Fertigung (FSK)		0,00	
= Fertigungskosten			2.461.276,88
= Herstellkosten der Erzeugung (HKdE)			4.456.962,36
+ Bestandsminderungen			46.840,00
– Bestandsmehrungen			13.870,00
= Herstellkosten des Umsatzes (HKdU)	**100**		4.489.932,36
+ Verwaltungsgemeinkosten (VwGK)	7,29		327.316,07
+ Vertriebsgemeinkosten (VtGK)	2,81		126.167,10
= Selbstkosten des Umsatzes (SKdU)			**4.943.415,53**

Für alle produzierten und auch umgesetzten Erzeugnisse sind in der letzten Abrechnungsperiode Selbstkosten in Höhe von 4.943.415,53 € angefallen.

Kostenträgerstückrechnung

Mithilfe der Kostenträgerstückrechnung werden die Kosten ermittelt, die **ein einzelner Kostenträger** verursacht hat – die sogenannten **Selbstkosten**. Man nennt diese Berechnung auch **Stückkalkulation**. Hierbei muss insbesondere beachtet werden, dass **keine Bestandsveränderungen** zu berücksichtigen sind und es deshalb auch **keine Herstellkosten des Umsatzes** gibt. Die VwGK und VtGK werden direkt ausgehend von den Herstellkosten der Erzeugung berechnet.

BEISPIEL

Für ein Produkt „Spezialaufschuh Quick-run“ fallen folgende Kosten an: FM = 24,50 €; FL = 31,00 €; FSK = 0,00 €. Es gelten die zuvor ermittelten Zuschlagsätze.

	%	€	€
Fertigungsmaterial (FM)	**100**	24,50	
+ Materialgemeinkosten (MGK)	5,54	1,36	
= Materialkosten (MK)			25,86
Fertigungslöhne (FL)	**100**	31,00	
+ Fertigungsgemeinkosten (FGK)	78,35	24,29	
+ Sondereinzelkosten der Fertigung (FSK)		0,00	
= Fertigungskosten (FK)			55,29
= Herstellkosten der Erzeugung (HK d. E.)	**100**		81,15
+ Verwaltungsgemeinkosten (VwGK)	7,29		5,92
+ Vertriebsgemeinkosten (VtGK)	2,81		2,28
= **Selbstkosten (SK)**			**89,35**

Kalkulation bis zum Angebotspreis

Ausgehend von den ermittelten Selbstkosten des einzelnen Kostenträgers müssen nun noch **Gewinn, Skonto und Rabatt** aufgeschlagen werden, um den Listenverkaufspreis zu erhalten.

$33\frac{1}{3}$ ist ein „**bequemer Prozentsatz**“ d. h., der Grundwert kann einfach durch drei geteilt werden.

Die Prozentwerte für Gewinn, Skonto und Rabatt sind vorgegeben.

BEISPIEL

Das Kalkulationsschema wird also weitergeführt.

	€	%	%	%
Selbstkostenpreis (SK)	89,35	100		
+ Gewinn (G)	29,78	$33\frac{1}{3}$		
= Barverkaufspreis (BVP)	119,13	$133\frac{1}{3}$	97	
+ Kundenskonto (KS)	3,68		3	
= Zielverkaufspreis (ZVP)	122,81		100	87,5
+ Kundenrabatt (KR)	17,54			12,5
= Listenverkaufspreis (LVP) (netto)	140,35			100

Es können jeweils verschiedene Formen von Kalkulationen vorgenommen werden:

- **Vorwärtskalkulation** („Wie hoch ist der anzusetzende Listenverkaufspreis für das Produkt?“)
- **Rückwärtskalkulation** (z. B. „Wie hoch dürfen die Kosten maximal sein, um einen Auftrag anzunehmen oder den Konkurrenzpreis unterbieten zu können?“)
- **Differenzkalkulation** (z. B. „Wie hoch ist der verbleibende Gewinn/Verlust, wenn ein bestimmter Auftrag angenommen wird?“)

Alle Kalkulationsformen – auch mithilfe von Computerprogrammen – werden ausführlich in der 8. Jahrgangsstufe behandelt (vgl. Jahrgangsstufe 8, Kapitel 4).

Meist werden diese Kalkulationen mithilfe von Exceltabellen durchgeführt.

Übersicht „Kostenträgerstückrechnung von FM bis zum LVP“

Fertigungsmaterial (FM)	**100 %**	… €	
+ Materialgemeinkosten (MGK)	… %	… €	
Materialkosten (MK)			… €
Fertigungslöhne (FL)	**100 %**	… €	
+ Fertigungsgemeinkosten (FGK)	… %	… €	
+ Sondereinzelkosten der Fertigung (FSK)		… €	
Fertigungskosten (FK)			… €
Herstellkosten der Erzeugung (HKdE)	**100 %**		… €
+ Verwaltungsgemeinkosten (VwGK)	… %		… €
+ Vertriebsgemeinkosten (VtGK)	… %		… €
Selbstkosten (SK)	**100 %**		… €
+ Gewinn (G)	… %		… €
Barverkaufspreis (BVP)			… €
+ Kundenskonto (KS)	… %		… €
Zielverkaufspreis (ZVP)	**100 %**		… €
+ Kundenrabatt (KR)	… %		… €
Listenverkaufspreis (LVP)	**100 %**		… €

! Die Pfeile zeigen auf den Wert, der bezüglich der Prozentrechnung jeweils 100 % ist. Dabei steht dieser Wert – mit Ausnahme der letzten beiden Prozentrechnungen – immer oberhalb.

Die Kostenkontrollrechnung

Oft liegt zwischen dem Zeitpunkt der Angebotserstellung und der endgültigen Abwicklung eines Auftrags eine größere Zeitspanne, innerhalb der sich **Einzel- und Gemeinkosten verändern** können. Um den **Erfolg eines Geschäfts rückwirkend beurteilen** und **Entscheidungen für die Zukunft treffen** zu können, ist es notwendig, die Kostenkontrollrechnung, also einen **Vergleich von Vor- und Nachkalkulation**, durchzuführen.

Mögliche Gründe für Kostenänderungen:
- z. B. Preiserhöhungen/-senkungen bei den Werkstoffen
- z. B. Gehaltserhöhungen bei den Angestellten
- z. B. Abweichungen von der geplanten Fertigungsdauer oder vom geplanten Materialbedarf

Aus Vereinfachungsgründen wird hier angenommen, dass sich nur der Prozentwert des VwGK sowie die Kosten für das Fertigungsmaterial und die Fertigungslöhne ändern. Die weiteren Zahlenwerte ändern sich nur als Folge daraus.

BEISPIEL

Es wurde ein Barverkaufspreis in Höhe von 119,13 € mit dem Kunden vereinbart. Inwieweit unterscheiden sich nun erwarteter und tatsächlicher Gewinn?

	Vorkalkulation (vor der Produktion zur Angebotserstellung)		**Nachkalkulation** (nach der Produktion zum Vergleich)		**Kostenabweichungen**
	%	€	%	€	€
FM		24,50		**23,75**	+0,75
+ MGK	5,54	1,36	5,54	1,32	+0,04
= MK		25,86		25,07	
FL		31,00		**32,20**	–1,20
+ FGK	78,35	24,29	78,35	25,23	–0,94
+ FSK		0,00		0,00	
= FK		55,29		57,43	
= HK		81,15		82,50	
+ VwGK	7,29	5,92	**7,91**	6,53	–0,61
+ VtGK	2,81	2,28	2,81	2,32	–0,04
= SK		89,35		91,35	
+ G	$33\frac{1}{3}$	29,78	30,41	27,78	*–2,00
= BVP		119,13		119,13	

* Erläuterung: Im Beispiel liegt eine Kostenunterdeckung in Höhe von 2,00 € vor, d. h., die tatsächliche Produktion hat mehr Kosten verursacht als ursprünglich geplant. Die Fa. i-Run erzielt somit einen geringeren Gewinn als erwartet und wird in der nächsten Abrechnungsperiode voraussichtlich die Kalkulationswerte anpassen.

Vorkalkulation	Nachkalkulation	Kostenabweichung
Kalkulation der Kosten mit Erfahrungs- und Durchschnittswerten aus vergangenen Abrechnungsperioden (= **Normalzuschlagsätze**) ↓ Die Kosten werden als **Normal-** oder **Sollkosten** bezeichnet.	Kalkulation beruht auf den tatsächlich angefallenen Kosten dieser Abrechnungsperiode mithilfe der **Istzuschlagsätze** ↓ Die Kosten werden als **Istkosten** bezeichnet.	*Entweder:* Es liegt eine **Kostenunterdeckung** vor (–), d. h. Normalkosten < Istkosten → Der Gewinn sinkt. *Oder:* Es liegt eine **Kostenüberdeckung** vor (+), d. h. Normalkosten > Istkosten → Der Gewinn steigt.

! Die Istzuschlagsätze dieser Abrechnungsperiode werden als Normalzuschlagsätze für die nächste Vorkalkulation verwendet.

4.3 Teilkostenrechnung bei Einzelfertigung

Oftmals ist es aus marktwirtschaftlicher Sicht nicht möglich, den Preis eines Produktes anhand der eigenen Daten wie Selbstkosten, gewünschter Gewinn u. Ä. einfach festzusetzen. **Konjunkturelle Einflüsse** und auch die **Angebote von Konkurrenzunternehmen** können dazu führen, dass der erzielbare Preis niedriger liegt.

Die **Konjunktur** gibt Auskunft über die wirtschaftliche Lage eines Landes (Auf- und Abschwünge).

Um unter diesen Umständen sinnvolle unternehmerische Entscheidungen treffen zu können, ist die Durchführung der **Teilkostenrechnung**, auch **Deckungsbeitragsrechnung** genannt, notwendig.

Unterschiede zwischen Voll- und Teilkostenrechnung

Vollkostenrechnung	Teilkostenrechnung
• Kalkulation auf Grundlage **aller** Kosten • **Langfristige** Sichtweise bei unternehmerischen Entscheidungen ↓ **Ziel:** Deckung aller Kosten + Erzielung eines angemessenen Gewinns	• Kalkulation auf Grundlage des aktuell erzielbaren Marktpreises, wobei **Kosten, die immer anfallen, aus der Betrachtung herausgenommen** werden. • **Kurzfristige** Sichtweise bei unternehmerischen Entscheidungen ↓ **Ziel: Deckung der nur bei der Produktion anfallenden Kosten** (vgl. variable Kosten)

Aufgrund der unterschiedlichen Zielsetzungen bei der Voll- bzw. Teilkostenrechnung muss man auch die Kosten unterscheiden.

KOSTEN	
variable Kosten (K_v)	**fixe Kosten (K_f)**
… fallen nur an, wenn eine Produktion stattfindet, und steigen mit steigender Produktionsmenge. → Fertigungsmaterial, Fertigungslöhne, Sondereinzelkosten (= **Einzelkosten**)	… fallen immer an, auch ohne Produktion, und bleiben unabhängig von der Produktionsmenge gleich. → alle anderen Kosten, z. B. Miete, Zinsen, Gehälter (= **Gemeinkosten**)

↓

variable Kosten + fixe Kosten
= Selbstkosten

BEISPIEL

Es liegen folgende Zahlen für einen geplanten Auftrag vor:

FM = 20.100,00 €	FL = 22.040,00 €	SEK = 0,00 €
MGK = 2.544,00 €	FGK = 11.064,00 €	VwVtGK = 6.364,38 €

Angebot des Kunden: 61.275,00 €
Sollte der Auftrag zu den Bedingungen angenommen werden?

Berechnung:

variable Kosten	42.140,00 €	(20.100,00 + 22.040,00 + 0,00)
+ fixe Kosten	19.972,38 €	(2.544,00 + 11.064,00 + 6.364,38)
= Selbstkosten	62.112,38 €	

Es sind nun zwei Szenarien möglich:

Fixe Kosten fallen immer an.

1. Der Auftrag wird angenommen:

Verkaufserlöse	61.275,00 €
– Selbstkosten	62.112,38 €
= Betriebsergebnis	**–837,38 € (Verlust)**

2. Der Auftrag wird nicht angenommen

Verkaufserlöse	0,00 €
– fixe Kosten	19.972,38 €
= Betriebsergebnis	**–19.972,38 € (Verlust)**

→ Im Falle einer Auftragsablehnung würde der Verlust weitaus größer ausfallen als bei einer Annahme. Bei Auftragsannahme kann zumindest ein Teil der ohnehin anfallenden Fixkosten gedeckt werden.

!

Kurzfristig kann es sinnvoll sein, Aufträge anzunehmen, obwohl sie nicht die gesamten Kosten decken, da trotz **allem ein Teil der Kosten gedeckt werden kann** und **Arbeitsplätze gesichert** werden. Außerdem wird eventuell ein **Kunde an das Unternehmen gebunden**.
Langfristig muss aber immer eine vollständige Kostendeckung und Gewinnerzielung angestrebt werden.

Die grafische Darstellung von Kosten

Die Entwicklung der verschiedenen Kostenarten kann abhängig von der Produktionsmenge folgendermaßen dargestellt werden:

variable Kosten
für die gesamte Produktion

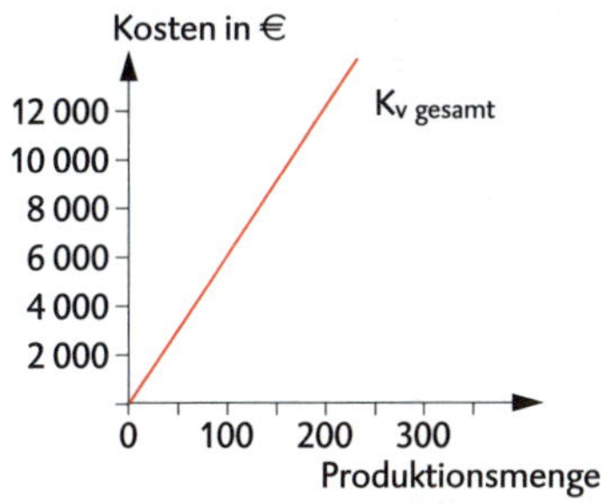

Die variablen Gesamtkosten **nehmen** mit steigender Produktionsmenge **zu**.

variable Kosten
je Stück

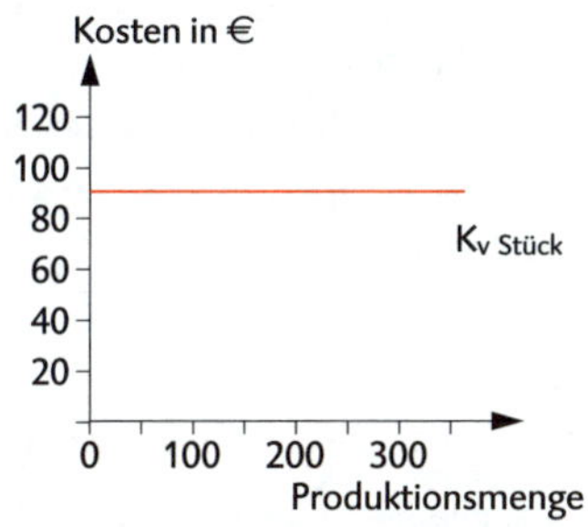

Die variablen Stückkosten bleiben mit steigender Produktionsmenge **konstant**.

fixe Kosten
für die gesamte Produktion

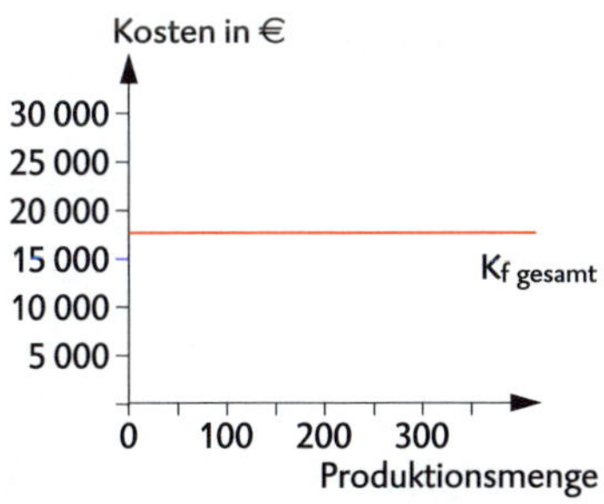

Die fixen Gesamtkosten bleiben mit steigender Produktionsmenge **konstant**.

fixe Kosten
je Stück

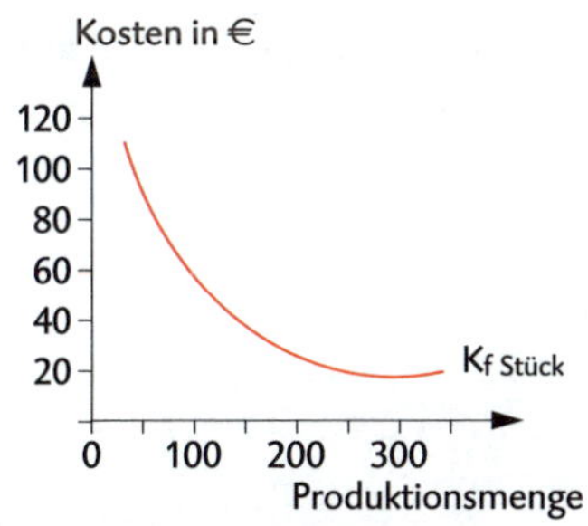

Die fixen Stückkosten **nehmen** bei einer steigenden Produktionsmenge **ab**.

Deckungsbeitrag, Betriebsergebnis und Gewinnschwelle (ein Produkt)

Entscheidet sich ein Unternehmen einen Auftrag anzunehmen, müssen unabhängig von der marktwirtschaftlichen Situation **zumindest die variablen Kosten dieser Produktion gedeckt** sein.
Um das zu prüfen, müssen einige Berechnungen angestellt werden:

BEISPIEL – Deckungsbeitrag

In einem Zweigwerk produziert i-Run 430 Paar Laufschuhe. Sie werden zu 142,50 € netto je Paar verkauft.
Die variablen Kosten je Stück betragen 98,00 €.

Welchen Beitrag leistet ein Paar Schuhe zur Deckung der fixen Kosten?

Nettoverkaufserlös je Laufschuhpaar (NVE je St.)	142,50 €
– variable Kosten je Laufschuhpaar ($K_{v\ Stück}$)	98,00 €
= Deckungsbeitrag je Laufschuhpaar (DB je St.)	44,50 €

Ein Laufschuhpaar trägt 44,50 € zur Deckung der fixen Kosten im Unternehmen i-Run bei.

In diesem Beispiel wird davon ausgegangen, dass die Fa. i-Run nur dieses eine Produkt produziert und diesem somit auch alle Fixkosten zugerechnet werden.

BEISPIEL – Betriebsergebnis

Wie fällt das Ergebnis der betrieblichen Tätigkeit aus?

Nettoverkaufserlös je Laufschuhpaar (NVE je St.)	142,50 €	
– variable Kosten je Laufschuhpaar ($K_{v\ Stück}$)	98,00 €	
= Deckungsbeitrag je Laufschuhpaar (DB je St.)	44,50 €	
Deckungsbeitrag gesamt (DB gesamt)	19.135,00 €	(44,50 € · 430)
– fixe Kosten gesamt ($K_{f\ gesamt}$) (vgl. S. 154)	19.972,38 €	
= Betriebsergebnis (Verlust)	–837,38 €	

Es wurde ein Betriebsverlust in Höhe von 837,38 € erwirtschaftet.

BEISPIEL – Gewinnschwelle

Wie viele Paar Schuhe müsste das Unternehmen verkaufen, um einen Gewinn zu erwirtschaften (= Gewinnschwelle/Break-even-Point)?

Ab dieser Verkaufszahl sind die variablen und die fixen Kosten gedeckt. Das Betriebsergebnis wird hierbei gleich null gesetzt.

rechnerische Lösung

Nettoverkaufserlös je Stück (NVE je St.)	142,50 €
– variable Kosten je Stück ($K_{v\ Stück}$)	98,00 €
= Deckungsbeitrag je Stück (DB je St.)	44,50 €
Deckungsbeitrag gesamt (DB gesamt)	19.972,38 €
– fixe Kosten gesamt ($K_{f\ gesamt}$)	19.972,38 €
= Betriebsergebnis	**0,00 €**

$$\frac{19.972,38}{44,50} = 448,82\,(\text{St.})$$

Das Unternehmen i-Run muss also mindestens 449 Laufschuhpaare zu diesem Preis verkaufen, um einen Gewinn zu erwirtschaften. Mit zunehmender Absatzmenge steigt dieser Gewinn, allerdings kann die maximal mögliche Herstellungsmenge (= **Produktionskapazität**) nicht überschritten werden.

grafische Lösung

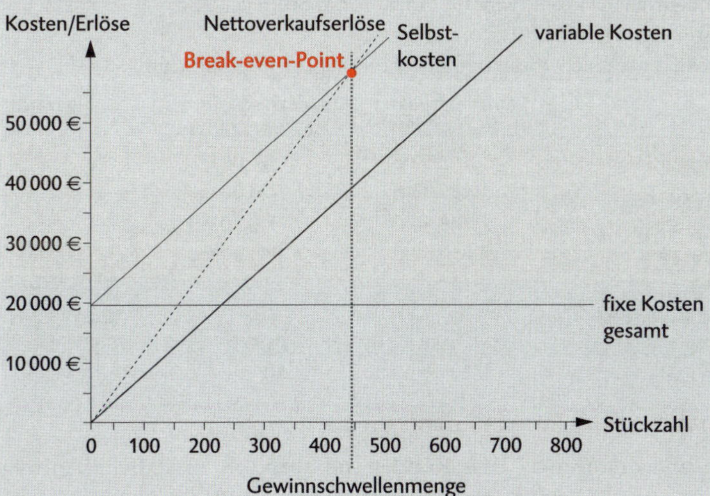

Gewinnschwelle:

$$\frac{\text{fixe Kosten}}{\text{DB je Stück}}$$

Häufig werden **Kapazität** (= Wie viel ist maximal möglich?) und **Auslastung** (= Wie viel wird wirklich produziert?) verwechselt.

!

- Die Fixkosten verlaufen stets parallel zur x-Achse.
- Die variablen Kosten und die Nettoverkaufserlöse können durch das Markieren von mindestens zwei Wertepaaren (z. B. (0 | 0) und (100 | 9800) bei K_v) eingezeichnet werden.
- Die Selbstkosten beginnen auf Höhe der Fixkostengeraden und verlaufen parallel zu den variablen Kosten.
- Der Break-even-Point ist der Schnittpunkt der Geraden Nettoverkaufserlöse und Selbstkosten.

Deckungsbeitragsrechnung (zwei Produkte)

Häufig stellt ein Unternehmen nicht ausschließlich ein Produkt her, sondern bietet verschiedene Produkte an.
Um für diesen Fall das Betriebsergebnis bestimmen zu können, muss das bisherige Rechenschema angepasst werden.

BEISPIEL

Neben einem Speziallaufschuh Runaway (500 Paar; NVE/Stück: 143,50 €; $K_{v\ Stück}$: 95,00 €) produziert i-Run im Monat Juni auch den Laufschuh Flexible (200 Paar). Die Höhe der Fixkosten wird auch hier mit 19.972,38 € angesetzt. Der Laufschuh Flexible wird für 174,00 € pro Stück verkauft, die variablen Kosten betragen 133,80 € pro Stück.
Wie fällt das Ergebnis der betrieblichen Tätigkeit insgesamt aus?

	Laufschuhpaar Runaway (500)	Laufschuhpaar Flexible (200)		gesamt
NVE/Stück	143,50 €	174,00 €		
– $K_{v\ Stück}$	95,00 €	133,80 €		
= DB/Stück	48,50 €	40,20 €		
DB/gesamt	24.250,00 €	8.040,00 €	3	32.290,00 €
– $K_{f\ gesamt}$	1	2		19.972,38 €
= BE (**Gewinn**)			4	**12.317,62 €**

Annahme von Zusatzaufträgen

Es kann vorkommen, dass Kunden anfragen, ob zusätzliche Aufträge angenommen werden. Hierbei werden häufig **Sonderbedingungen** verlangt, d. h., der Kunde wünscht einen Preis unterhalb des regulären Verkaufspreises.
Das Unternehmen muss nun entscheiden, ob die Annahme eines solchen Auftrages sinnvoll ist.

BEISPIEL

Zusätzlich zur bisherigen Auftragslage (vgl. S. 158) liegt eine Anfrage über weitere 120 Laufschuhpaare Flexible vor, allerdings nur, wenn sie zu einem Verkaufspreis von 155,00 € netto angeboten werden.
Sollte der zusätzliche Auftrag von i-Run angenommen werden?

	Runaway (500)	Flexible (200)	Zusatzauftrag (120)	gesamt
NVE/Stück	143,50 €	174,00 €	155,00 €	
– $K_{v\,Stück}$	95,00 €	133,80 €	133,80 €	
= DB/Stück	48,50 €	40,20 €	21,20 €	
DB/gesamt	24.250,00 €	8.040,00 €	2.544,00 €	34.834,00 €
– $K_{f\,gesamt}$				19.972,38 €
= BE **(Gewinn)**				**= 14.861,62 €**

→ Der Zusatzauftrag würde das Betriebsergebnis weiter erhöhen und sollte daher angenommen werden.

!

Liegt der Nettoverkaufspreis des Zusatzauftrags über den verursachten variablen Kosten, wird das Betriebsergebnis verbessert.
NVE > K_v → BE steigt

Allerdings müssen **weitere zwei Bedingungen** erfüllt sein, damit die Annahme eines Zusatzauftrags zu Sonderbedingungen sinnvoll ist.

freie Kapazitäten	keine Gefährdung des regulären Preises
Die vorhandenen Maschinen/Arbeitskräfte müssen den Zusatzauftrag bewältigen können.	Der niedrigere Preis des Zusatzauftrags darf nicht dazu führen, dass der bisherige Preis von Kunden nicht mehr akzeptiert wird.

Festlegung von Preisuntergrenzen

In wirtschaftlich schlechten Zeiten steht den Konsumenten weniger Geld zur Verfügung oder Zukunftsangst führt generell zur Kaufzurückhaltung. Dies hat bei den Unternehmen in der Regel einen Absatzrückgang zur Folge. Um dem entgegenzuwirken, senken viele Unternehmen in dieser Situation ihre Preise.

Konsument = Verbraucher/Käufer/Kunde

Dabei muss jedes Unternehmen festlegen, wie weit es die Preise der Produkte senken kann. Die **langfristige** Preisuntergrenze ist von der **kurzfristigen** zu unterscheiden.

Langfristige Preisuntergrenze	Kurzfristige Preisuntergrenze
Es ist möglich, über einen längeren Zeitraum lediglich die **Deckung der gesamten Kosten** zu erreichen und auf einen Gewinn zu verzichten.	Kurzfristig ist es möglich, lediglich die **Deckung der variablen Kosten** anzustreben und auf die Deckung der fixen Kosten und auf Gewinn zu verzichten.
⬇	⬇
BE = 0,00 €	**DB = 0,00 €**

1: Berechnung des gesamten DB bei dem Produkt, das nicht verändert werden soll

2: Festlegung des BE auf 0,00 €, d. h. kein Gewinn, aber auch kein Verlust

3: Gleichsetzen von $K_{f\,gesamt}$ und DB/gesamt beider Produkte

4: Subtraktion von DB/gesamt und DB/Produkt 2; dann wird DB/Produkt 1 durch Stückzahl geteilt und mit K_v addiert

BEISPIEL

Langfristige Preisuntergrenze: Der Preis des Laufschuhs Flexible soll konstant gehalten und der Preis von Runaway langfristig auf das Minimum gesenkt werden. Die bereits bekannte Kalkulation muss also rückwärts durchgeführt werden.

	Laufschuhpaar Runaway (500)	Laufschuhpaar Flexible (200)	gesamt
NVE/Stück	**118,86 €** ↑	174,00 €	
– $K_{v\,Stück}$	95,00 €	133,80 €	
= DB/Stück	23,86 €	40,20 €	
DB/gesamt	11.932,38 € ←	8.040,00 € [1] ←	[3] 19.972,38 €
– $K_{f\,gesamt}$	[4]		↑ 19.972,38 €
= BE			[2] **0,00 €**

Nach der Preissenkung auf 118,86 € für ein Laufschuhpaar Runaway können immer noch die Kosten der gesamten Unternehmenstätigkeit gedeckt werden, auch wenn auf einen Gewinn verzichtet wird. Auf diese Weise kann die **Weiterbeschäftigung des Personals** und **die bisherige Absatzhöhe** gesichert werden.

Kurzfristige Preisuntergrenze: Der Nettoverkaufspreis für das Laufschuhpaar Runaway kann kurzfristig maximal so weit gesenkt werden, dass zumindest die variablen Kosten gedeckt werden.

	Laufschuhpaar Runaway
NVE/Stück	**95,00 €** ↑
– $K_{v\,Stück}$	95,00 €
= DB/Stück	**0,00 €**

Wenn NVE = K_v, kann die Produktion von Runaway keinen Beitrag zur Deckung der fixen Kosten leisten. Dieser Verlust würde aber auch anfallen, wenn die Produktion stillstünde.

! Grundsätzlich und auf längerfristige Sicht muss ein Unternehmen immer eine **Gewinnerzielung** anstreben und daher den in der Vollkostenrechnung kalkulierten Preis erzielen.

Preisgestaltung als Instrument des Marketings

Der Begriff des **Marketings** umfasst alle Maßnahmen, die ein Unternehmen einsetzt, **um den bestmöglichen Absatz seiner Produkte zu erzielen**.
Die wichtigsten Instrumente beinhaltet der sogenannte „**Marketing-Mix**", der klassischerweise aus vier Bereichen besteht.

PRODUCT – Produktpolitik	„Welche Produkte verkaufe ich?" → Qualität, Produktgestaltung, evtl. zusätzlicher Service
PROMOTION – Kommunikationspolitik	„Wie erhöhe ich den Bekanntheitsgrad meines Produkts?" → Werbung (Plakate, Internet, TV …), Messen, verkaufsfördernde Maßnahmen usw.
PLACE – Vertriebspolitik	„Wo und wie vertreibe ich meine Waren?" → Kaufhäuser, Internet, Verkaufsparty usw.
PRICE – Preispolitik	„Welchen Preis verlange ich?" → Konditionen wie Rabatte, Boni, Zahlungsbedingungen, Finanzierungsmöglichkeiten usw.

Anhang

Übersicht
Aufgabenbeispiele zur Tabellenkalkulation

A Angebotskalkulation für Handelswaren

B Einkaufskalkulation Handelswaren

C Kreditvergleich

D Aktien – Kauf/Verkauf, Effektivverzinsung

E Anlagenabschreibung

F Forderungsabschreibung

G Unternehmensanalyse

H Betriebsabrechnungsbogen (BAB)

I Gesamtkalkulation

J Kostenkontrollrechnung

K Deckungsbeitragsrechnung

! Zahlen, die nicht aus den vorhandenen Zahlen errechnet werden können, dürfen in der gesamten Übersicht als gegeben vorausgesetzt werden.

A Angebotskalkulation für Handelswaren

	A	B	C	Formeleingabe
1	**Handelswarenkalkulation**			
2		%		
3	Listeneinkaufspreis		1.000,00 €	
4	– Liefererrabatt	15	150,00 €	← C4=C3/100*B4
5	Zieleinkaufspreis		850,00 €	← C5=C3–C4
6	– Liefererskonto	3	25,50 €	← C6=C5/100*B6
7	Bareinkaufspreis		824,50 €	← C7=C5–C6
8	+ Bezugskosten		15,50 €	
9	Bezugspreis		840,00 €	← C9=C7+C8
10	+ GK Handelswaren	13	109,20 €	← C10=C9/100*B10
11	Selbstkostenpreis		949,20 €	← C11=C9+C10
12	+ Gewinn	20	189,84 €	← C12=C11/100*B12
13	Barverkaufspreis		1.139,04 €	← C13=C11+C12
14	+ Kundenskonto	3	35,23 €	← C14=C13/(100–B14)*B14
15	Zielverkaufspreis		1.174,27 €	← C15=C13+C14
16	+ Kundenrabatt	10	130,47 €	← C16=C15/(100–B16)*B16
17	Listenverkaufspreis (netto)		1.304,74 €	← C17=C15+C16

! Nachdem die Spalte B auf „Zahl" formatiert ist (**das Prozentzeichen steht nicht in den einzelnen Zellen**, sondern in der Spalte ganz oben), muss für die Berechnung der Zellen C4, C6, C10 und C12 der jeweilige Grundwert durch 100 dividiert werden. Ebenso muss bei den Formeln für die Zellen C14 und C16 in der Klammer die Zahl 100 („100–x"statt „1–x") angegeben werden, um die richtige Division durchzuführen.

B Einkaufskalkulation Handelswaren

	A	B	C	D	Formeleingabe
1				€	
2	**Einkaufskalkulation für Laufbrillen**				
3					
4	Listenpreis je Stück			225,00 €	
5	Bestellmenge in Stück	80			
6	Bezugskosten pauschal: Stückzahl bis incl.	99		70,00 €	
7	Stückzahl ab	100		0,00 €	
8					
9	Rabattstaffel Stückzahl bis incl.	99	10%		
10	Stückzahl ab	100	20%		
11	Liefererskonto		3%		
12					
13	Listeneinkaufspreis			18.000,00 €	← D13=D4*B5
14	– Liefererrabatt			1.800,00 €	← D14=WENN(B5>B9; C10*D13; C9*D13)
15	Zieleinkaufspreis			16.200,00 €	← D15=D13–D14
16	– Liefererskonto			486,00 €	← D16=D15*C11
17	Bareinkaufspreis			15.714,00 €	← D17=D15–D16
18	+ Bezugskosten			70,00 €	← D18=WENN(B5<=B6; D6; D7)
19	Bezugspreis			15.784,00 €	← D19=D17+D18

! Die Formel für die Zelle D14 unterscheidet sich insofern von der der Zelle D18, dass bei der Ermittlung des Liefererrabatts der Prozentsatz (WENN-Funktion) mit dem Listeneinkaufspreis multipliziert werden muss. In den Formeln D14 und D16 entfällt die Division mit 100, da die Zellen C9, C10 und C11 auf „Prozent" formatiert sind.

C Kreditvergleich

	A	B	C	Formeleingabe Spalte B
1	**Kreditvergleich**			
2		*Handelsbank*	*Hausbank*	
3	Kreditbetrag in €	200.000,00	200.000,00	
4	Laufzeit in Tagen	546	546	
5	Zinssatz	4,6 %	4,3 %	
6				
7	Bearbeitungsgebühr	1,25 %	1,75 %	
8				
9	Zinsen in €	13.762,19	12.864,66	← B9=B3*B5*B4/365
10				
11	Bearbeitungsgebühr in €	2.500,00	3.500,00	← B11=B3*B7
12				
13	Kreditkosten gesamt in €	16.262,19	16.364,66	← B13=B9+B11
14				
15	Auszahlungsbetrag in €	197.500,00	196.500,00	← B15=B3–B11
16	Effektive Verzinsung	5,50 %	5,57 %	← B16=B13*365/B15/B4

! Die entsprechenden Zellen in den Spalten B und C sind auf „Prozent“ formatiert, somit entfällt in den Zellen B9 (C9) und B11 (C11) die Division mit 100 bzw. in der Zelle B16 (C16) die Multiplikation mit 100.
Die Formeln B9 : B16 können in den Bereich C9 : C16 kopiert werden.

D Aktien – Kauf / Verkauf, Effektivverzinsung

	A	B	C	D	Formeleingabe
1	**Ermittlung der Effektivverzinsung (Rentabilität) bei Aktien**				
2					
3		Kauf		Verkauf	
4	Kurs	40,00 €		45,00 €	
5	Stückzahl	100		100	
6	Spesen	1,00 %		1,00 %	
7					
8	Dividende je Stück	1,50 €			
9	Besitzdauer in Tagen	151			
10	Depotgebühr	30,00 €			(B13=B4*B5)
11					(B14=B13*B6)
12	Kaufabrechnung		Verkaufsabrechnung		(B15=B13+B14)
13	Kurswert	4.000,00 €	Kurswert	4.500,00 €	← D13=D4*D5
14	+ Spesen	40,00 €	– Spesen	45,00 €	← D14=D13*D6
15	Banklastschrift	4.040,00 €	Bankgutschrift	4.455,00 €	← D15=D13–D14
16					
17	Gesamtertrag		Bankgutschrift	4.455,00 €	
18	Dividende	150,00 €	– Banklastschrift	4.040,00 €	
19	+ Kursgewinn	415,00 €	Kursgewinn	415,00 €	← C19=WENN(D19>0; „Kursgewinn“; „Kursverlust“)
20	– Depotgebühren	30,00 €			(D19=D17–D18)
21	Ertrag	535,00 €			← B21=B18+B19–B20
22					(A21=WENN(B21>0; „Ertrag“; „Aufwand“))
23	Effektivverzinsung	32,01 %			← B23=B21*365/B15/B9

! Die Zellen B6 und D6 sind auf „Prozent“ formatiert, somit entfällt in den Formeln für die Zellen B14 und D14 die Division mit 100. Ebenso ist die Zelle B23 auf „Prozent“ formatiert, deshalb entfällt hier die Multiplikation mit 100.

E Anlagenabschreibung

	A	B	C	D	Formeleingabe
1	Bezeichnung	Personalcomputer	Nutzungsdauer/Jahr	3	
2	Abschreibungssatz	$33\frac{1}{3}$ %	Anschaffungsdatum	25.01.20..	
3		Lineare AfA			
4	Anschaffungskosten	4.500,00 €			
5	AfA 1. Jahr	1.500,00 €			← B5=B4*B2
6	Buchwert Ende 1. Jahr	3.000,00 €			← B6=B4–B5
7	AfA 2. Jahr	1.500,00 €			← B7=B4*B2
8	Buchwert Ende 2. Jahr	1.500,00 €			← B8=B6–B7
9	AfA 3. Jahr	1.500,00 €			← B9=B4*B2
10	Buchwert Ende 3. Jahr	0,00 €			← B10=B8–B9

! Die Zelle B2 ist auf „Prozent“ formatiert, somit entfällt in den Formeln für die Zellen B5, B7 und B9 die Division mit 100. Die Formeln in den Zellen B5, B7 und B9 sind identisch, da die Abschreibung linear erfolgt, also von den Anschaffungskosten → gleichbleibende Abschreibungsbeiträge!

F Forderungsabschreibung

	A	B	C	D	E	F	Formeleingabe
1							
2	**Wertberichtigung auf einwandfreie Forderungen**						
3							
4	Einwandfreie Forderungen zum 31.12.20.. (brutto)				434.350,00 €		
5							
6			Soll		3680 PWB	Haben	
7					8000	2.900,00 €	
8							
9	**Berechnung der Wertberichtigung**						
10							
11	Forderungsbestand 31.12.20.. (brutto)				119,00 %	434.350,00 €	← F11=E4
12	– Umsatzsteuer				19,00 %	69.350,00 €	← F12=F11/E11*E12
13	Forderungsbestand 31.12.20.. (netto)				100,00 %	365.000,00 €	← F13=F11–F12
14							
15	Wertberichtigung zum 31.12.20..				1,00 %	3.650,00 €	← F15=F13*E15
16	– Bestand aus Vorjahr (vorhanden)					2.900,00 €	← F16=F7
17	Auffüllung (Erhöhung)					750,00 €	← F17=F15–F16

(A17=WENN(F17>0;
„Auffüllung“;
„Herabsetzung“))

! Die Zelle E15 ist auf „Prozent“ formatiert, deshalb entfällt in Zelle F15 die Division mit 100.

G Unternehmensanalyse

	A	B	C	D	E	F	G	Formeleingabe
1								
2		BILANZ				Berechnung EK Anfangsbestand		
3								
4	A	aufbereitete Bilanz		P		EK zum 01.01.	760.000,00 €	← G4=G9−G8+G7−G6+G5
5	Anlagevermögen	1.125.000,00 €	Eigenkapital	795.000,00 €		− Privatentnahmen	90.000,00 €	← G5=B22
6	Umlaufvermögen		Fremdkapital			+ Privateinlagen	75.000,00 €	← G6=D22
7	Vorräte	200.000,00 €	langfristiges FK	610.000,00 €		− Jahresfehlbetrag	0,00 €	← G7=WENN(D15>B15; 0; B16)
8	Forderungen	150.000,00 €	kurzfristiges FK	105.000,00 €		+ Jahresüberschuss	50.000,00 €	← G8=WENN(D15>B15; B16; 0)
9	flüssige Mittel	35.000,00 €				EK zum 31.12.	795.000,00 €	← G9=D5
10		1.510.000,00 €		1.510.000,00 €				
11						Berechnung der Kennzahlen		
12		Gewinn- und Verlustrechnung						
13						Finanzierung	52,65 %	← G13=D5/D10
14	Soll	GUV		Haben		(Eigenkapitalanteil)		
15	Aufwendungen	320.000,00 €	Umsatzerlöse	370.000,00 €				
16	Jahresüberschuss	50.000,00 €				Einzugsliquidität	176,19 %	← G16=(B8+B9)/D8
17		370.000,00 €		370.000,00 €				
18						Eigenkapitalrentabilität	6,58 %	← G18=WENN(D15>B15; B16/G4; −D16/G4)
19		Privat						
20						Umsatzrentabilität	13,51 %	← G20=WENN(D15>B15; B16/D15; −D16/D15)
21	Soll	Privatkonto		Haben				
22	Entnahmen	90.000,00 €	Einlagen	75.000,00 €				
23			EK	15.000,00 €				
24		90.000,00 €		90.000,00 €				

! Die Zellen G13, G16, G18 und G20 sind auf „Prozent“ formatiert, deshalb entfällt die Multiplikation mit 100.

H Betriebsabrechnungsbogen

	A	B	C	D	E	F	G	Formeleingabe
1								
2	**Betriebsabrechnungsbogen I. Quartal 20..**							
3	**Kosten-art**	**Summen (€)**	**Schlüssel**	**Material (€)**	**Fertigung (€)**	**Verwal-tung (€)**	**Vertrieb (€)**	
4	Hilfs-stoffe	5.400,00	Entnahme-schein	1.700,00	3.100,00	–	600,00	
5	Betriebs-stoffe	3.600,00	Entnahme-schein	700,00	2.200,00	100,00	600,00	
6	Gehälter	8.200,00	Gehalts-liste	500,00	900,00	5.100,00	1.700,00	
⋮								
12	Betriebs-steuern	2.400,00	Verhältnis	–	2.100,00	300,00	–	
13	Sonstige Kosten	4.200,00	Belege	300,00	2.700,00	500,00	700,00	
14	**Summen**	**52.500,00**	**auf-geteilt**	**5.190,00**	**28.400,00**	**11.940,00**	**6.970,00**	← B14=SUMME (B4:B13)
15								
16	Zuschlagsgrundlage in €			72.000,00	51.700,00	158.390,00	158.390,00	
17	Zuschlagsatz in %			7,21	54,93	7,54	4,40	← D17=D14*100/D16

(E17=E14*100/E16)

(F17=F14*100/F16)

(G17=G14*100/G16)

! Die Formeleingabe in den Zellen D14, E14, F14 und G14 entspricht der der Zelle B14 mit den passenden Buchstaben.
Die Zellen D17, E17, F17 und G17 sind auf „Zahl" formatiert, deshalb ist in diesen Formeln die Multiplikation mit 100 erforderlich.

I Gesamtkalkulation

	A	B	C	D	Formeleingabe
1					
2	**Gesamtkalkulation**				
3			€	€	
4	Fertigungsmaterial		150.000,00		
5	+ Materialgemeinkosten	9,5 %	14.250,00		← C5=C4*B5
6	Materialkosten			164.250,00	← D6=C4+C5
7	Fertigungslöhne		160.000,00		
8	+ Fertigungsgemeinkosten	132 %	211.200,00		← C8=C7*B8
9	+ Sondereinzelkosten der Fertigung		3.400,00		
10	Fertigungskosten			374.600,00	← D10=C7+C8+C9
11	Herstellkosten der Erzeugung			538.850,00	← D11=D6+D10
12	– Mehrbestand (UFE/FE)			2.850,00	
13	+ Minderbestand (UFE/FE)			4.000,00	
14	Herstellkosten des Umsatzes			540.000,00	← D14=D11–D12+D13
15	+ Verwaltungsgemeinkosten	19 %		102.600,00	← D15=D14*B15
16	+ Vertriebsgemeinkosten	9,8 %		52.920,00	← D16=D14*B16
17	Selbstkosten des Umsatzes			695.520,00	← D17=D14+D15+D16

! Die Zellen B5, B8, B15 und B16 sind auf „Prozent“ formatiert, deshalb entfällt in den Zellen C5, C8, D15 und D16 die Division mit 100.

J Kostenkontrollrechnung

	A	B	C	D	E	F		Formeleingabe
1								
2	**Kostenkontrollrechnung**	**Vorkalkulation**		**Nachkalkulation**		**Kosten-abweichung**		
3			€		€		€	
4	Fertigungsmaterial		2.500,00		2.450,00	(+)	50,00	
5	Materialgemeinkosten	7,21 %	180,25	7,30 %	178,85	(+)	1,40	← C5=C4*B5
6	Fertigungslöhne		3.100,00		3.200,00	(–)	100,00	
7	Fertigungsgemeinkosten	54,93 %	1.702,83	55,50 %	1.776,00	(–)	73,17	← C7=C6*B7
8	Sondereinzelkosten der Fertigung		290,00		290,00			
9	Herstellkosten		7.773,08		7.894,85	(–)	121,77	← C9=SUMME(C4:C8)
10	Verwaltungsgemeinkosten	7,54 %	586,09	7,45 %	588,17	(–)	2,08	← C10=C9*B10
11	Vertriebsgemeinkosten	4,40 %	342,02	4,50 %	355,27	(–)	13,25	← C11=C9*B11
12	Selbstkosten		8.701,19		8.838,29	(–)	137,10	← C12=C9+C10+C11

! Die Zellen B5, B7, B10 und B11 sind auf „Prozent“ formatiert, deshalb entfällt in den Zellen C5, C7, C10 und C11 die Division mit 100. Die Formeln C5:C12 können in den Bereich E5:E12 kopiert werden.
Die Kostenabweichungen ergeben sich aus der Differenz der Zahlen in Spalte C und Spalte E.

K Deckungsbeitragsrechnung

	A	B	C	D	Formeleingabe
1					
2	**Deckungsbeitragsrechnung**				
3					
4		**Laufschuh-paar**	**Laufschuh-paar**		
5		**Quick-run**	**Flexible**		
6	Nettoverkaufspreis (St.)	142,50 €	174,00 €		
7	variable Kosten (St.)	98,00 €	133,80 €		
8	Fixkosten			20.000,00 €	
9	Kapazität (St.)	800	400		
10	Produktion ≙ Absatz (St.)	500	200		
11	Auslastung	62,50 %	50,00 %		← B11=B10/B9
12					(C11=C10/C9)
13					
14	Nettoverkaufserlöse	71.250,00 €	34.800,00 €		← B14=B6*B10 (C14=C6*C10)
15	– variable Kosten	49.000,00 €	26.760,00 €		← B15=B7*B10 (C15=C7*C10)
16	Deckungsbeitrag	22.250,00 €	8.040,00 €	30.290,00 €	← B16=B14–B15 (C16=C14–C15)
17	– Fixkosten			20.000,00 €	(D16=B16+C16)
18	Betriebsgewinn			10.290,00 €	← D18=D16–D17

! Die Zellen B11 und C11 sind auf „Prozent“ formatiert, deshalb entfällt die Multiplikation mit 100.

Übersicht über die Buchungssätze zu Konteneröffnung (01. 01.) und Kontenabschluss (31. 12.)

1. Konteneröffnung am 01. 01.

a)

Aktivkonto	an	EBK

b)

EBK	an	**Passivkonto**

2. Kontenabschluss am 31. 12.

2.1 Bewertung des Anlagevermögens (VAB)

a)

ABSA	an	Aktivkonto

b)

ABSP	an	SP

2.2 Bewertung der Forderungen (VAB)

a) Einzelwertberichtigung (zweifelhafte FO → 2470 ZWFO)

EWB	an	EAWB *bei Herabsetzung der vorhandenen EWB*
ABFO	an	**EWB** *bei Erhöhung der vorhandenen EWB*

b) Pauschalwertberichtigung (sichere FO → 2400 FO)

FO-Bestand (brutto) laufendes Jahr
– Umsatzsteuer

= FO-Bestand (netto) laufendes Jahr
davon 1 %
– vorhandene PWB

= Anpassung (Erhöhung)

PWB	an	EAWB *bei Herabsetzung der vorhandenen PWB*
ABFO	an	**PWB** *bei Erhöhung der vorhandenen PWB*

2.3 Bestandsveränderungen (VAB)

a) Eingangslager:

  Schlussbestand
– Anfangsbestand
= …

AW…	an	**R/F/H/B/HW** *bei Bestandsminderung (AB > SB)*
R/F/H/B/HW	an	AW… *bei Bestandsmehrung (AB < SB)*

b) Ausgangslager:

  Schlussbestand
– Anfangsbestand
= …

BV	an	**UFE/FE** *bei Bestandsminderung (AB > SB)*
UFE/FE	an	BV *bei Bestandsmehrung (AB < SB)*

2.4 Unterkonten (VAB)

a)	AW…	an	**BZK…**
b)	**N…**	an	AW…
c)	UE…	an	**EB…**
d)	EK	an	**P** *wenn Privatentnahmen > Privateinlagen*
	P	an	EK *wenn Privatentnahmen < Privateinlagen*

2.5 Erfolgskonten = Aufwands- und Ertragskonten

a)	**Ertragskonto**	an	GUV
b)	GUV	an	**Aufwandskonto**

2.6 GUV-Konto

GUV	an	EK *bei Jahresüberschuss (Reingewinn)*
EK	an	**GUV** *bei Jahresfehlbetrag (Reinverlust)*

2.7 Bestandskonten

a)	SBK	an	**Aktivkonto**
b)	**Passivkonto**	an	SBK

> Achte immer auf die richtige REIHENFOLGE beim Kontenabschluss!!!
>
> **Merke:**
> „Auf der Seite, auf der der Saldo am 31. 12. steht, steht auch dieses Konto im (Vor-)Abschlussbuchungssatz!“

BEISPIEL

S AWR	H
2.000,00 €	800,00 €
5.500,00 €	
300,00 €	
	Saldo 7.000,00 €

⇓

8020 GUV	an	**6000 AWR**	7.000,00

Stichwortverzeichnis